Blumenberg
Ein mögliches Selbstverständnis

Hans Blumenberg

Ein mögliches Selbstverständnis

Aus dem Nachlaß

Philipp Reclam jun. Stuttgart

Universal-Bibliothek Nr. 9650
Alle Rechte vorbehalten
© für diese Ausgabe 1997 Philipp Reclam jun. GmbH & Co., Stuttgart
© 1996 Hans Blumenberg Erben
Gesamtherstellung: Reclam, Ditzingen. Printed in Germany 1997
RECLAM und UNIVERSAL-BIBLIOTHEK sind eingetragene Marken
der Philipp Reclam jun. GmbH & Co., Stuttgart
ISBN 3-15-009650-2

Inhalt

Einleitung: Das Unselbstverständliche 9

Endzeittümelei
  Ob man sagen darf: »Ich habe Angst!« 21
  Restzeit 27
  Alles über Futurologie. Ein Soliloquium 29
  Sättigungsgrade 30
  Rette, was wer kann! 31
  Was wäre, würde Heidegger verstanden? 34

Selbstbeständigkeit
  Ein Leben – eine Identität? 39
  Erinnerung an das verlorene Ich 41
  Die Welt hat keinen Namen 46

Zuschauer
  Die Verwerflichkeit des Zuschauers 61
  Die Nulldatumchronologie und die
    Polarisierung der Weltansichten 69
  Wobei es nichts zu lachen gab 71
  Vom Vorsprung, den der Schuldmythos
    gewährt, schuldfähig zu sein 75
  Eine Schulidentitätskrise 77

Das Beschreibliche und das Unbeschreibliche
  Als es nichts zu sehen gab 81
  Für wen einer schreibt 83

Die Fiktion des ersten Menschen und des
    letzten   85
Die Suggestion des beinahe Selbstgekonnten . .   89
Wie man Zuschauer wird   93
Ohne Scheu Zuschauer sein   108
Das Datum   110

Wer wen versteht
Der Befehl des Delphischen Gottes und die
    Ironie seiner Spätfolgen   115
Die unerträgliche Unsterblichkeit   126

Distanzen – Affinitäten
Der verborgene Gott der Phänomenologie . . .   139
Wie sich das Leben erträgt   141
Die Langsamkeit der Vernunft   143
Kein Sokrates   154
Das Sein – ein MacGuffin   157
Affinitäten und Dominanzen   161
Selbstbehandlung   169
Delegation   173

Begriffsversagen
Ein Fall von Realismus   177
Realität ist das selbe und doch nie gleiche,
    zu dem man zurückkommt   180

Ein Futurum
Ein Futurum (Stand: 1990)   185
Das Überschreiten von Schwellen – hinter
    denen liegt, worauf es ankommt   197

Zukunft bleibt Zukunft – in allem Ernst 203
Schöpfung mit Zuschauer 207

Einige Schrecknisse reiner Theorie
Die unendliche Theorie 211
Ich-bin und Urgleichzeitigkeit 213

Editorische Notiz 221

Das Unselbstverständliche

Selbstverständnis ist, was man hat, wenn man danach gefragt wird. Aber vorher? Ich fürchte, man bereitet sich zu sehr darauf vor, danach gefragt zu werden. Man ist sich der Entrüstung und der Verachtung bewußt, die man riskiert, wenn man bei Nachfrage mit einer schlichten Besitzlosigkeitsanzeige reagieren müßte. Dürfte man, aufs äußerste gebracht, etwa antworten: Ich habe mich selbst noch nie verstanden, es aber auch noch nicht versucht?

Wer sich dennoch um ein gepflegtes Selbstverständnis sorgt, nimmt vorweg, was ihm zuteil werden könnte, sofern er sich unbesorgt zu anderem geäußert hat: ohne sein Einverständnis auf jenes abgesucht zu werden. Selbstverständnis ist Vorbeugung gegen ungewünschtes Fremdverständnis vom Typus: Was steht hinter wem? Die Zeiten, da man die menschheitsweiten Verschwörungen finsterer Mächte zu kennen hatte und aus obskuren Quellen auch erfuhr, sind vorbei. Die Unbequemlichkeit ist größer geworden, sich im Selbstverständnis über die das Erkennen steuernden Interessen aufzuklären, um sich für raffiniertere neue frei zu machen. Daß man es nicht gehabt haben wollte, erweist sich beim Selbstverständnis, sobald man es hat, als Indiz dafür, daß es nichts anderes als das Selbstverständliche gewesen war, das man nicht auf sich beruhen lassen durfte.

Fragt man nun nach dem ›Interesse‹, das man haben könnte, ein Selbstverständnis nicht nur nachzuweisen, sondern auch noch zu besitzen, so liegt mir nahe zu sagen: Es besteht keines. Im Gegenteil: Es stört dabei, das zu verstehen, was man doch vor allem, wenn nicht ausschließlich, verstehen möchte. In einem Anfall von Müdigkeit an der idealistischen Komponente seiner Willensmetaphysik hat Schopenhauer sehr spät, 1848, in den »Spicilegia« notiert: *Die Welt, die Welt, ihr Esel! ist das Problem der Philosophie, die Welt und sonst nichts.* Leider muß der Herausgeber des handschriftlichen Nachlasses vermerken, daß selbst in der privaten Kammer des Philosophen der Ausbruch nicht ungeschoren durchgehen konnte; das *ihr Esel!* wurde nachträglich gestrichen. Für einen, der das erst gar nicht hinzuschreiben sich getraute, eine Enttäuschung.

Gibt es eine Rivalität zwischen der Zumutung, man habe sich gefälligst selbst zu verstehen und von seinem Selbstverständnis Rechenschaft zu geben, und der Ungebrochenheit des Verlangens, die Welt und nichts anderes als die Welt zu verstehen? Man kann es sich leicht machen und antworten: Gerade dies, nichts anderes als die Welt verstehen zu wollen, sei eben der Kern eines Selbstverständnisses. Dieses mag sich aus der Unerträglichkeit nähren, ein Leben in einer Welt hinzubringen, aus der man davongehen könnte, ohne sie verstanden zu haben. Nicht die Welt ist die Episode – ich bin es. Daraus könnte alles folgen.

Wäre Selbstverständnis das Resultat von Selbsterkenntnis? Doch wohl kaum. Selbsterkenntnis muß sich mit dem abfinden, was sie vorfindet, sofern sie es findet. Selbstverständnis wird zumeist genommen als Inbegriff von Lebenskonzept und Daseinsprogramm. Es regelt die Selbsteinfügung in öffentliche und private Zusammenhänge, die Verträglichkeit von Wünschen und Absichten – obwohl man bei den Wünschen an die Heimlichkeit nächtlicher Einschleichungen ins Bewußtsein rühren könnte. Versteht sich einer, der seine heimlichen Wünsche zu kennen gelernt hat, besser als einer, der sich sein Wunschprogramm zurechtzimmert und in Absichten übersetzt? Vielleicht ist eine Antwort auf die Frage nach dem Selbstverständnis die, man verstehe sich gerade darin, daß man an sich nichts zu verstehen findet.

So viel Mißtrauen, so viel Philosophie, schreibt Nietzsche in der »Fröhlichen Wissenschaft«. Ob man ihm das noch nachsprechen sollte? Es ist wirklich erstaunlich, mit welcher Großzügigkeit sich die Philosophie Mißtrauen geleistet und anderen Disziplinen vorgeführt hat, die daraufhin auch gelegentlich bereit waren, sich in ›Grundlagenkrisen‹ zu stürzen. Erstaunlich ist dies für ein so kurzlebiges Wesen, das sich Mißtrauen nur so weit sollte leisten können, wie es zum Überleben nötig ist. Zweifel durchaus, als das, was uns begreifen, nicht als das, was uns ständig von vorn anfangen läßt.

Aber welches Selbstverständnis kann einer denn haben, der nicht von den großen Zweifeln geschüttelt wird, die der Philosophie die Erkenntnistheorie zur Hauptaufgabe gemacht haben? Um die Jahrhundertwende, als die Phänomenologie gegen sie begründet wurde, hießen sie Psychologismus, Historismus, Relativismus, im dritten Jahrzehnt des Jahrhunderts vor allem Anthropologismus. Welches Selbstverständnis kann einer haben, den der Ideologieverdacht nicht nächtens plagt, dem das Mißtrauen gegen Verblendungszusammenhänge nicht noch am hellen Tage zusetzt? Der aber auch nicht vom großen Vertrauen getragen und gewiegt

wird, er könne dem Sinn von Sein um die nächste Ecke
der Winkelzüge des Daseins begegnen oder gar auf
die Parusie des Seins selbst warten? Was bleibt dem an
Selbstverständnis, der von einer Anthropologie nicht
fürchtet, sie werde durch Nachweis von Konstanten
des Menschlichen den Weg zu dessen Totalveränderung
blockieren? So einem können alle sagen, was er nicht ist,
und haben dann auch noch recht.

Zum Selbstverständnis eines Philosophen scheint gehörig zu sein, daß er die Frage »Wozu Philosophie?«
ernst nimmt. Was aber, wenn nicht? Er könnte meinen,
solche Fragen verschwänden, wenn es Philosophie gibt.
Deshalb vergewissert sie sich eher, woher sie kommt, als
wohin sie geht und wozu sie dient. Daran nämlich läßt
sich begreifen, daß sich auch dann nicht beliebig aus-
oder einsteigen läßt, sollte die Frage nach dem Wozu
nicht zur Zufriedenheit einiger Räte und Beiräte beant-
wortet werden. Husserls Antwort freilich, er hätte philosophieren müssen und sonst nicht leben können, ist so
anachronistisch geworden wie das Müssen im Sprach-
schatz der Poeten und anderer Urheber. Statt zu sagen,
man könne nicht anders, würde man heute eher bereit
sein zu sagen, man könne nichts anderes.

Sollte und darf der Philosoph sich nicht wenigstens in
die Nachhut der Aufklärer selbstverstehend einordnen?
Die nächste Aufklärung kommt bestimmt, und dann ist
die Nachhut Vorhut gewesen. Aber was muß einer tun,
um sich vor sich selbst als Aufklärer auszuweisen? Aufklärer leben von den Verfinsterungen der anderen, und
welches diese sind, das zu bestimmen geht jeder Aufklärung voran. Ist er zu diesem Kunstgriff nicht bereit,
hängt es erstaunlich wenig von seinen Absichten ab, ob

er ein Aufklärer wird oder nicht. Es scheint dann an der Eignung verdunkelter geistiger Bestände zu liegen, gerade durch diesen aufgeklärt zu werden.

Sollte die Verlegenheit auf die Frage nach dem Selbstverständnis nicht eine zu viel sein? Das Bedenkliche im Umgang mit diesem zeigt sich daran, daß Selbstverständnis der potentielle Feind des Selbstverständlichen ist. Im Maße, wie dessen Preisgabe ernötigt wird, lockert sich der Boden, auf dem wir stehen und die Fragen erwarten können, die sich durch Unvermeidlichkeit ausweisen. Es liegt Vorsicht darin, Selbstverständnis nur zu haben, wenn man danach gefragt wird, und sich, sollte es zutage treten, so erstaunt zu fühlen wie der Sklave im platonischen Dialog von seiner *Anamnesis.*

Das Selbstverständliche anzutasten zugunsten des Selbstverständnisses, hat man nicht lange genug gezögert. Wer bei allem wissen will, wie er sich dazu versteht, wird schließlich nichts mehr verstehen; er hat zwischen Sinnverlangen und Sinnverzicht die Ökonomie des Lebens schon lange verfehlt. Eine Philosophie, die immer wissen möchte, weshalb man was tut und ob man's nicht besser lassen sollte, labt sich an den kleinen Konflikten und wird ungewärtig ihrer Ohnmacht vor den großen. Einer, der nicht recht weiß, ob er nicht vielleicht mein Feind sein müßte, tut mir leid – er hat einen kostbaren Augenblick seines Lebens verschwendet.

Wiederum Nietzsche hat die Parabel von einem erfunden, der den unstillbaren Drang hat *zu sehen, was keiner sehen will – sich selber*; dazu noch hat er einen zu großen Mangel an Schweigsamkeit, um nicht preiszugeben, was er bei sich gesehen und verstanden hat. Zuerst erregt er Anstoß, dann Verdacht, wird von der Gesellschaft ge-

ächtet, schließlich von der Justiz erfaßt, die ihn den Weg
zum Ende gehen läßt. Der anonyme Held der Geschichte war nicht nur mit seinem Defizit an Diskretion
geschlagen, sondern dem zuvor noch mit der Undichtig-
keit des Schutzschirms, der dem Menschen zu seinem
Glück verliehen ist, undurchsichtig zu sein: Dieser war
es nicht für sich selbst. Der Bedeckung seiner letzten
Blöße bedarf der Mensch eben nicht nur vor den anderen, auf deren Dezenz er nicht rechnen kann, sondern
auch, vielleicht noch mehr, vor sich selbst. Die Lust zu
sagen, was man sieht, ist eine der Verführungen, die auch
vor dem nicht halt zu machen scheint, was eben ›Selbstverständnis‹ heißt.

Fragt man, was zu dem von Nietzsche unverantwort-
lich genannten Hang führt: zu sehen, was keiner sehen
will, stößt man zum abersten Male auf des Menschen
Vergänglichkeit. Das Individuum, das seiner Durchsichtigkeit für sich selbst nicht zu entgehen vermochte, erfährt schließlich diese in einer Einzigkeit, wie sie bei anderem nur die Kostbarkeit des Singulären besitzt – es
muß fast unerträglich sein, für sich zu behalten, was der
Welt sonst eines kurz bevorstehenden Tages endgültig
verloren gehen könnte. Man wird sie zur *Memoria* über-
reden: durch Rückhaltlosigkeit in der Darbietung eines
Unikats. Daher in Nietzsches Parabel die Furchtlosig-
keit vor den Folgen: Gefängnis und vorzeitiger Tod. Es
müssen nicht immer diese sein.

Denkt man daran, daß die Kurzgeschichte eines Be-
kenntnissüchtigen 1876 niedergeschrieben ist, verwun-
dert nur die Zeitspanne, die noch nötig war, um die
Technik der erlisteten Selbstdurchsichtigkeit zu erfin-
den, die unser Jahrhundert extensiv beschäftigen sollte.

Jener Hang mochte so lange verhängnisvoll erschienen sein, wie er nichts auszurichten vermochte gegen das schleichendste Übel des Menschen: die Vielfalt seines Unbehagens an sich selbst. War aber erst eine Heilsprämie von unendlicher Unbestimmtheit auf den Bruch des Siegels der Verschwiegenheit gesetzt, konnte jener Hang zum Sehen- und Sagenwollen zum Inbegriff von Verantwortlichkeiten für den Menschen avancieren. Selbstverständnis, wie unvollendet auch immer bleibend, verfloß mit einem der großen Versprechen des letzten Jahrhunderts im Jahrtausend: Gesundheit.

Die Schwäche der Philosophie ist, daß sie nicht aufgeben kann, weil sie hinter sich nichts mehr hat, woran sie ihre Lasten weiterreichen könnte, auch nichts haben will und darf. Diesen Hintergrund hat sie als einen unbesetzten zu verteidigen und gegen die Besetzung mit Angeboten abzuschirmen, die aus rätselhaften Gründen gelegentlich erfolgreich sind. Dazu gehören nicht nur die sektiererischen Aktualitäten der Saison, sondern auch und zumal die Formationswechsel in der Philosophie selbst. Für ein mit ihr verbrachtes Leben ist es die erschreckendste Erfahrung, daß auch sie die Phasenwechsel erleidet, der andere Arten von Erregungen des Gemüts unterliegen.

Wenige akademische Jahrzehnte genügen, um dessen inne zu werden, wie wenig dazu gehört, ein neues Vokabular aufzulegen, eine Garnitur von Namen durch eine andere zu ersetzen, die eben Dahingegangenen in tiefe Vergessenheit nicht nur, mehr noch: in eine Art von Verfemung versinken zu lassen. Husserl wurde nicht erst fluchtartig im Stich gelassen, als der Ungeist ihm die Tore der Universität verschloß; ein halbes Jahrzehnt zu-

vor schon zerging seine Bindungskraft für die phänomenologische Schule so gründlich, daß sie nicht einmal
nach dem Zweiten Weltkrieg wiederhergestellt werden
konnte. Erst die emphatische Wiederentdeckung eines
schon 1924 beiläufig ausgegebenen Stichworts, der ›Lebenswelt‹, wurde ein halbes Jahrhundert später fast zum
Erfolg der Intentionen, in deren Zusammenhang es de-
bütiert hatte. Aber eben nur fast.

Das Schlimme an der Erfahrung des Phasenwechsels
ist, daß sie gegen das Ganze und seine Geschichte aus-
schlägt. Sie nährt den Verdacht, seit je könnten die
Druckmittel der Zeitgeister so billig gewesen sein wie im
eigenen Erfahrungszeitraum. Plötzlich erscheint es nicht
mehr als ein Stück sacherzwungener Konsequenz, daß
Kant – noch kaum, daß er ausgesprochen hatte – das
Wort aus dem Mund und die Fackel aus der Hand genommen wurde, um ins Licht zu setzen, was er im Dunkel gelassen haben sollte – und tatsächlich gelassen hatte.
Nicht ohne einige überspielte Verlegenheit, wie wir sie
aus den Fragmenten seines Spätwerkes kennen und von
der man wohlwollend gemeint hatte, sie sei der Grund
für die Jüngeren gewesen, ihm derartiges nicht durchgehen zu lassen. Aber glaubt das noch einer, der der Blüte-
zeiten und Untergänge von Schulen dieses Jahrhunderts
ansichtig geworden ist?

Was wäre dem möglichen Selbstverständnis eines Philosophen abzufordern gewesen? Gewißheit, unter der
Fuchtel des Zeitgeistes furchtlos zu stehen, wie jener
von Horaz beschriebene Stoiker, der noch im Zusam-
mensturz des Himmels unerschrocken aufrecht bleiben
sollte? Diese Gewißheit wird es nicht geben. Und nichts
ist unverzeihlicher am vermeintlichen Selbstverständnis

als dies, sie nicht besitzen zu können. War es nur eine Karikatur oder mehr, was ein kaum oberflächlicher Beobachter vor noch nicht langer Zeit schrieb, in der Philosophie würde es genügen, daß sich drei Assistenten zusammentäten, um einen Autor aus dem Nichts in den Kanon der obligaten Texte emporzuheben? Ach, kaum war das geschrieben, gab es die Assistenten nicht mehr, die dem Analytiker der Lage hätten recht geben können. Sie waren Opfer des Weltgeistes geworden, vertreten durch den Verband ihrer Amtsvorgänger, der überaus erfolgreich gewesen war mit der Forderung, so einflußreiche Ämter abzuschaffen.

Die Philosophie behandle eine Frage wie eine Krankheit, hatte Wittgenstein geschrieben, und nicht zufällig ungefähr gleichzeitig mit dem Ausspruch Freuds, wer nach dem Sinn des Lebens frage, sei krank. Aufs Ganze dieses Lebens hin betrachtet, ist es eine pathologische Sonderbarkeit, Fragen zu stellen, deren Beantwortung, wäre sie möglich, ebenso lebensstörend sein müßte wie ihre Unbeantwortbarkeit. Allerdings, wer sich der Antwort verweigert und sich darauf beruft, nur Fragen seien zu akzeptieren, für die sich das Verfahren ihrer Erledigung angeben lasse, darf nicht aus dem Blick verlieren, daß er anderen den Platz überläßt, den zu besetzen er sich weigert. Was Theologien sich leisten und nur deshalb leisten können, weil sie Verweigerung von Antworten als Anerkennung der Verborgenheit Gottes und seiner Vorbehalte gegenüber menschlicher Neugierde zu integrieren vermögen, hinterläßt in anderem Zusammenhang den Sog einer Vakanz. Gelingt es aber ohne Antwortverweigerung, die Verlegenheiten Ausnahmen bleiben zu lassen?

Wie auch immer, es ist gut, daß wir nicht alle Fragen beantworten müssen. Ich möchte nicht die Frage beantworten, welches die mir wichtigste einfache Wahrheit sein mag, die niemanden kränkt, deren Besitz wohl nicht alle glücklich, aber einige heiter machen könnte. Sie ist von Seneca ausgesprochen worden, mit der Delikatesse, die seine Sprache für uns angenommen hat: *Qui potest mori non potest cogi.* Zu deutsch vielleicht: Wer sich davonzumachen weiß, ist nicht bedrückbar.

Endzeittümelei

Ob man sagen darf: »Ich habe Angst!«

Darf man zu einem anderen sagen *Ich habe Angst*? Die Frage klingt oberflächlich, wenn man voraussetzen darf, es sei wahr.

Dennoch meine ich nicht nur, sondern bestehe darauf, daß dies zu sagen unzulässig, ja unsittlich ist.

Der Grund: Es gibt auf dieses Eingeständnis keine Erwiderung, keine Einstellung, keine Chance des Trostes, der Hilfe. Was es erzeugt, ist die absolute Verlegenheit. Indem *etwas* gefordert zu sein scheint, wird zugleich *alles* verboten. Die Zumutung ist die des Unmöglichen: zu antworten, es bestehe doch kein Grund. Darf man dem anderen das Wort entziehen, indem man ihm vortäuscht, sich ihm zu öffnen?

Es ist unzulässig, zum Unzulässigen zu provozieren. Es gibt einen Imperativ von Wittgenstein aus den dreißiger Jahren (und nicht zufällig aus diesen): *Spiele nicht mit den Tiefen des Andern!* Was aber könnte der, dem sich einer zu seiner Angst bekennt, anderes tun, als gegen diese wesentlichste aller ›Ergänzungen‹ des Dekalogs zu verstoßen?

Vielleicht ist das mehr als ein halbes Jahrhundert später, da man sich in ›Ängsten‹ exhibitioniert, gar nicht mehr begreiflich. Aber ist es nicht schon bedenklich, daß sich die Angst pluralisiert hat? Noch für Heideggers Daseinsanalytik war es 1927 fraglos, daß es auf dem Grunde des Daseins nur die *eine* Angst gibt und sie dem *einen* Sein korrespondiere, um das es dem Dasein geht, weil es ihm faktisch und nicht selbstgegeben ist. Dem Dasein, dem es um sein Sein geht, kommt es auf einen

Weltuntergang nicht an, wie berechtigt die Besorgnis um den Bestand der Menschheit jeweils sein mag.

Sie war nicht geringer gewesen, als die frühen Christen begannen, um Aufschub des Endes (*pro mora finis*) zu beten, auch weil sie im Verdacht standen, insgeheim ihre Hoffnung auf Untergänge zu setzen (was sie ja auch ganz am Anfang einmal getan hatten oder getan haben sollten). Der Weltuntergang, wie immer er apokalyptisch, neptunisch, vulkanisch oder kontaministisch gedacht wird, macht alle gleich. Die Sorge ist diffus, alle teilen sich in sie und vereinigen sich in ihr. Das bestimmt ein Lebensgefühl, das sich den Blick in die Tiefe tröstlich versagt.

Der ehemalige französische Staatspräsident Valéry Giscard d'Estaing hat in seinen Erinnerungen »Le pouvoir et la vie« 1988 von einer Szene berichtet, die erstarren läßt. Der deutsche Bundeskanzler Helmut Schmidt hat seinem Staatsgast im Juli 1980 unter vier Augen im Fonds des Wagens das Geheimnis seiner Abstammung anvertraut: eine Konfession der Angst. Der politische Gast, der persönliche Freund, versteht nicht, wie ihm geschieht. Man merkt das leicht an seinem Einwand: »Aber das Judentum wird doch durch die Mutter weitergegeben . . .« Wußte er nicht, daß die Biologie der Rabbinen nicht die Hitlers war? Dann ahnte er auch nicht, was dieses Geständnis bedeutete. Es war eine Torheit, obwohl es eine Geste – mehr als eine Geste! – des intimen Vertrauens sein sollte. Denn zu jenem Zeitpunkt wußten die Deutschen nichts von diesem Lebensgeheimnis ihres Kanzlers. Der gestandene Kantianer traute seinen Landsleuten nicht zu, sie würden es hinnehmen, daß einer Angst gehabt hatte – nicht einmal in dieser

Vergangenheitsform! – und eine etwas komplizierte Unehelichkeit ausgenutzt hatte, seinem Vater und sich etwas zu ersparen, was seine angstmachende Natur in der Unbestimmtheit gehabt hatte, die das Blutsverdikt über jeden verhängte, der sich auf keinen Gesetzgeber, kein Gericht, keine öffentliche Instanz verlassen konnte.

Was das Geständnis eines erschöpften Freundes unverzeihlich machte, bestand gerade in der *historischen* Aufarbeitung aller Einzelzüge jener Gefährdungen: Es war bekannt, wer in welcher Weise und durch welches Dekret oder welchen Spielraum von Willkür gefährdet gewesen war. Einen jüdischen Vater hatte einer gehabt? Da war doch nicht gleich gemordet worden, zumal wenn registriert worden war »Vater unbekannt«? Nur wußte eben keiner, wie weit es gehen würde. Die eine erhaltene Ausfertigung des Protokolls der »Wannseekonferenz« vom Januar 1942 läßt noch erahnen, worauf es hindrängte und was jeden Tag ohne Federstrich exekutiert werden konnte. Aber weder das Maximum noch das Minimum der offenen Möglichkeiten kannte irgendwer, den das Verhängnis einer erst zu bestimmenden oder unerweislichen Vaterschaft ereilen konnte. So standen selbst für die ›Kenner‹, erst recht für diese, die Fakten des Dokumentierbaren und die Erlebnisse der Überlebenden in einem nie nachvollziehbaren Kontrast.

Es war unzulässig, noch ein halbes Jahrhundert später (und da um so mehr) zu gestehen *Ich hatte Angst!* Was sollte der damit Konfrontierte da erwidern? Was er erwiderte, war etwas ganz Richtiges, ein Stück Religionsgeschichte, ein einwandfreies Bildungselement – und doch so verkehrt wie jede andere Äußerung oder Geste. So viel Freundschaft, wie dies forderte, gibt es nicht.

Dennoch hat Helmut Schmidt indirekt seinen Freund-
schaftsbeweis noch dadurch verstärkt, daß er Giscard auf
Rückfrage erlaubte, die Diskretion jenes Augenblicks
der Schwäche zu brechen.

Da hatte der aus der Macht entlassene Altkanzler den
Deutschen schon zuvor im Fernsehen seine Konfession
gemacht, fast als befände man sich in einer Art Wettstreit
um die meiste Angst. Im Oktober 1986 diskutierte
Schmidt mit Carl Friedrich von Weizsäcker dessen
These, daß *Mangel an Angst möglicherweise Mangel an
Wahrnehmung* sei. Schmidts Vermutung dagegen ist, ob
nicht »ein bißchen zuviel Angst künstlich gemacht wird
in Deutschland«. Und er setzt argumentativ dagegen die
Konfession seiner nun historisch werdenden Angst, die
er nicht scharf genug beschreibt als die eines *Bestimmten*
unter dem Verhängnis der *Unbestimmtheit* einer hinterhältigen Nahezu-Allmacht. Leider kann man sich nicht
von vornherein zugestehen, daß es einen Vergleich von
Angst mit Angst – der von 1914 mit der von 1939 oder
der von 1933 mit der von 1986 – nicht gibt, es daher nur
ein vorgespiegeltes Verständnis des einen Erlebthaben-
den für den anderen geben kann. Solche Verständnis-
simulation belegt die Unzulässigkeit des *Ich habe Angst!*
als Zumutung, darauf in irgendeiner Weise einzugehen.
Weizsäcker steuert die absurde Anekdote bei, im Krieg
(wohl im Ersten) hätten zwei in einem Schützenloch gelegen und der eine zum anderen gesagt: *Mensch, du hast
ja Angst*, worauf der erwidert habe: *Wenn du so viel
Angst hättest wie ich, wärst du längst weggelaufen.* Die
Eigentümlichkeit der Anekdote bleibt insofern unbe-
merkt, als sie mit der Feststellung der Angst des anderen, nicht mit dem Bekenntnis der eigenen Angst be-

ginnt, so daß es zum Übertrumpfen mit Angstresistenz kommt. Daran wäre etwas, wenn es wahr sein sollte, daß man Angst riechen kann, hier in der Enge der Deckung.

Sagt mir ein anderer, er bemerke meine Angst, bleibt mir nichts übrig, als darauf zu bestehen, nur ich sei imstande, damit fertigzuwerden. Hätte er mit dem Geständnis *seiner* Angst begonnen, wäre das vielleicht ein Indiz für Übertreibung gewesen. Und es ist unvermeidlich, daß auch hier Schmidts Mitteilung, sein Vater habe »wahnsinnige Angst« gehabt – und er um ihn und für sich –, wie eine Verharmlosung der zeitgenössischen ›Ängste‹ wirkt, statt als »viel bedeutsamer, viel existentieller als alles das, was ich dann nach dem Kriege erlebt habe . . .«

Diese Mitteilung eben ist unzulässig – und sie wird sogleich bestraft, indem Weizsäcker auch ein Stück ›Familiengeschichte‹ mitteilt, weit genug weg: von seinem Großvater. Niemand kann aufstehen und sagen: Was für ein Vergleich! Wer sich mit seiner Angst vergleichen läßt, ist selber dran schuld, wenn sie verglichen, oder wie man nun sagt: diskutiert wird.[1]

Vor dieses Dilemma hatte Wittgenstein sein Verdikt gesetzt. Nur war er ihm selber nicht gefolgt, und dies in einem Zusammenhang mit dem, was Helmut Schmidt in Altersschamlosigkeit gegenüber Giscard preiszugeben begonnen hatte und schließlich im Fernsehen ›zur Diskussion‹ stellte. Was er Anfang 1937 in Cambridge einigen Freunden mitteilte, hatte er ›Geständnisse‹ genannt, und es betraf auch, obwohl nicht nur, den Anteil an jüdischen Vorfahren nach den von Hitler eingeführten Re-

---

1 »Die Zeit«, Nr. 42 vom 10. Oktober 1986.

chenweisen. Was seine Russischlehrerin Fania Pascal zuerst 1973 mitgeteilt hat, ähnelt an erzeugter Verlegenheit
dem Bericht Giscards, nur daß Wittgenstein in Cambridge keine Angst zu haben brauchte. Was er hatte, waren Skrupel. Und nicht einmal die dessen, der die Groß-
elternverteilung umgekehrt hatte, sondern dessen, der
den Vermutungen seiner Freunde darüber nicht entge-
gengetreten war.

Durch seine brüsken Exhibitionen zwang er andere,
mit seinen Tiefen zu spielen, indem sie zu erraten hatten,
was dieses *Ich bin gekommen, um ein Geständnis abzu-
legen* denn sollte. Aus der Exotik seines Schuldgefühls
machte er das des anderen. Fania Pascal über diesen Effekt: *Immer habe ich mir Vorwürfe gemacht, weil ich so
kalt war und nicht wußte, was ich sagen sollte.*

Restzeit

Im Sommer 1979 taucht zum ersten Mal der Ausdruck ›Restzeit‹ als journalistische Erfindung auf.[1] Ein apokalyptisches Reizwort in den Tagen von Harrisburg und Hamburg, allgemeiner Furcht vor Unbestimmtem von jedenfalls ungeahnten Ausmaßen.

Aber es geht um einen bestimmten und bestimmbaren Zeitrest, um die Zeit bis zur Jahrtausendwende. Immerhin also um mehr als zwei Jahrzehnte noch. An der Plausibilität des Ausdrucks ›Restzeit‹ beginnt sich ein Gefälle bemerkbar zu machen, das die Stimmung des *Fin de siècle* ein Jahrhundert zuvor in den Schatten stellen wird. Es kommt auf diese Zeitneige nicht mehr so recht an. Alles gerät unter den Rechtfertigungsdruck eines herannahenden neuen Jahrtausends. Eine Rhetorik der Vorläufigkeit kündigt sich an. Die Entrechtung der Lebenden, der noch aus ›diesem‹ Jahrtausend Gekommenen, zugunsten der dem neuen Äon Gehörenden. Man kann sich die Hilflosigkeit ausmalen, mit der den Ansprüchen einer Jugend von ›den Alten‹ begegnet wird, wenn mit der numerisch-kalendarischen Zäsur sich magische Erwartungen verbinden, die ohnehin in jedem Generationswechsel schlummern: so könnte eine neue Zeit doch noch ihren neuen Menschen ›zeitigen‹.

Zeitigen? Dieses merkwürdige Produktionswort enthält eben die Suggestion, die Zeit bringe etwas hervor, was kein anderer Faktor zu zeugen geschafft habe. Und wenn darauf die leiseste Hoffnung sollte kultiviert wer-

1 »Frankfurter Neue Presse« vom 16. September 1979.

den können – und beinahe ließe sich fragen: welche läßt
sich nicht kultivieren? –, dann wird die Restzeit zur
Schrumpfzeit, zur Wartezeit, zum Advent vor der eigentümlich entweihten ›Fülle der Zeiten‹.

Restzeit, eine Zeit, die gerade noch wert wäre, verwer-
tet zu werden – das ist nur eine der Entwertungsformen,
mit denen sich die Mächtigkeit der Zukünfte immer wieder vernichtend auf die Gegenwarten legt. Erwartung,
die sich in Verwertung der Zeit umsetzt und die hinterher nichts anderes ist als die Vorbereitung der großen
Enttäuschung, des neuen Nihilismus, der, wie jeder vorher, mit der Überbewertung des Möglichen eingeleitet
wird.

Alles über Futurologie. Ein Soliloquium

– Wir müssen doch nicht alles machen, was wir können.
– Nein, wir *müssen* es nicht.
– Aber?
– Aber wir *werden* es machen.
– Und weshalb?
– Weil wir nicht ertragen, wenn der kleinste Zweifel
  bleibt, *ob* wir es wirklich *können*.

Sättigungsgrade

Wann darf, wann muß ein Urheber von Werken zufrieden sein mit dem Radius seiner Wirkung, mit dem Sättigungsgrad seiner Verbreitung, mit dem Volumen seiner Rezeption?

Sind 50 Leser eines Buches eine ›kleine Gemeinde‹? Sind 500 Käufer eine ›bemerkenswerte Klientel‹? Sind 5000 abgesetzte Exemplare Indiz für einen ›schönen Erfolg‹? Oder sind erst 50 000 der Einstieg in ein ›Publikum‹? 500 000 in 25 Sprachen dann ein ›Welterfolg‹?

Ich stelle mir einen hübschen Tag der Megalomanie vor, an dem mir ein Telegramm ins Haus kommt, die Hälfte der Menschheit (im Augenblick, da ich dies überlege, 2,5 Milliarden) habe eins meiner Bücher erworben und, demoskopisch gesichert, auch gelesen – beziehungsweise sich vorlesen lassen!

Unfehlbar wäre meine Reaktion augenblicklich: Und bitte: Was macht die andere Hälfte?

Rette, was wer kann!

Die Welt will gerettet werden, wenn man denen glaubt, die bereitstehen, es zu tun.

Wie groß die Worte sind, die da fallen, wird deutlicher, wenn die ein wenig farblos so genannte ›Welt‹ statt dessen in schöner alter Weise ›Schöpfung‹ heißt. Da wird die Rettung des ganz großen Stils zu einer dem Ursprung nicht ebenbürtigen, so doch verwandtschaftlich nahestehenden Handlung.

Man muß Verständnis dafür haben, daß niemand tot sein möchte, wenn es sich vermeiden läßt. Ich habe auch Verständnis dafür, daß niemand eine Welt ohne Menschen haben möchte, auch wenn sich dieser Wunsch ungefähr so anhört, als wolle er keine ohne Schmetterlinge. Dabei ist eine Welt ohne Menschen viel unwahrscheinlicher als eine Welt ohne Schmetterlinge. Die Redeweise hat nur rhetorische Genauigkeit, es sei heute so weit, daß die Menschheit sich selbst ausrotten könne. Sie kann sich allenfalls dezimieren, und sie kann denen, die überleben, so übel mitspielen, als würden sie in die Steinzeit zurückgeworfen – ein Angebot, um das sich wiederum andere dringlich bewerben, denen alles nicht ›einfach‹ genug sein kann.

Wichtiger ist, daß man sogar dafür Verständnis haben muß, wenn viele lieber unter jeder Bedingung am Leben bleiben wollen als zu bestimmten Bedingungen nicht. Es wäre leichtfertig, das eine Geschmackssache zu nennen. Aber eine Sache in der Nähe durchdachter Argumentation kann es schon deshalb nicht sein, weil Lebenserfahrungsbestände in die Prämissen einschießen.

Kein Verständnis habe ich – um genau dazu zu stehen – für die heuchlerische Redeweise, es ginge darum, die Schöpfung entweder zu zerstören oder zu erhalten. Darin steckt eine törichte Anmaßung. Käme es auf solche Vorfälle wie die irdische Flora und Fauna, den Schmetterling und den Menschen, nicht nur für diese selbst an, so wäre im Universum Gelegenheit genug für eine Schöpfung, die dies im Hinblick auf den Höchstwert jener Vorfälle ernsthaft gewollt und gekonnt hätte: mit Reserven und Reservaten vorgesorgt zu haben für den vorhersehbaren Fall der Torheit eines zwar mit Vernunft versehenen, aber mit Gegenkräften gegen sie allzu reichlich ausgestatteten Wesens, sich um die Annehmlichkeit, Natur zu haben und deren Genießer zu sein, mit den scheußlichsten Mitteln zu bringen.

Der Mensch kann vieles zerstören, von Tag zu Tag mehr, und er kann mehr zerstören, als er jemals beigetragen hat zum Bestand der Dinge – aber die Schöpfung, das Universum der Welten und Sonnen, zahlloser Chancen für so etwas, wie er selbst ist – wenn bei dieser Gottestat es darauf jemals angelegt gewesen sein sollte –, diese Macht hat er nicht. Ja er ist lächerlich weit, unendlich weit von ihr entfernt.

Von der Vernichtung der Schöpfung zu reden, ist schon keine rhetorische Hyperbel mehr. Es ist Berechnung, angelegt auf Gehirne, denen die Welt nichts anderes ist als ihr philisterhaftes Nebenan und Drumherum. Niemand sollte gescholten werden, daß er diese Behaglichkeit oder gar ›Gemütlichkeit‹, im Wortsinne, nicht verlieren oder vorzeitig verlassen möchte. Der Wunsch zum Bleiben – auf Gegenseitigkeit – sollte aber nicht hochgespielt werden zu einer Verantwortung, in der es um mögliche Widerpartschaft gegen einen wie immer zu benennenden Schöpfer geht, den zu schonen einem seiner Geschöpfe zugefallen wäre.

Wenn wir schon aus der Intimität der Eingeweihten vom Schöpfer und von seiner Schöpfung reden, sollten wir Takt und Geschmack genug haben, uns nicht als deren zu allem entschlossene Retter aufzuspielen. Denn ›zu allem entschlossen‹ – was heißt das schon? Demonstrieren, Transparente tragen, im Regen trostlose Wachen durchhalten, mit Sprechchören andere bei anderem stören, Ketten und Netze für Minuten und Stunden bilden, wenn das Wetter nicht zu viele zu Hause bleiben läßt? Das alles ist Hochstapelei, sofern es sich nicht zu der bescheidenen Sorge der blanken Selbsterhaltung bekennt. Sie gibt allemal des Rechtes genug sich zu rühren. Aber es ist kein Recht, sich auf einen absoluten Anspruch zugunsten der ›Schöpfung‹ zu berufen. Das freilich würde zu allem fähig machen müssen. Und alles fürchten lassen.

Was wäre, würde Heidegger verstanden?

Ein Zeitgenosse und Verehrer des späten Heidegger hat den Satz hinterlassen: *Würde das Denken Heideggers verstanden, dann wäre das technische Zeitalter, in dem wir leben, zu Ende.* Ein anderer Zeitgenosse und Anhänger des späten Heidegger, der an jenem sonst nicht viel Gutes zu lassen vermag, will ihm doch ein dankbares Gedenken dafür bewahren, daß er eben diesen einen Satz geschrieben und darin diese eine Erkenntnis vermittelt habe.

Welche Erkenntnis? Der große Gestus solcher Ausprüche sonst nirgendwo in der Weltgeschichte gekannter Wirkungen von Denken wird nur durch den Kunstgriff möglich, mit Aussparungen an Deutlichkeit zu arbeiten. Wer ist gemeint, wenn impersonal vorausgesetzt wird: daß dieses Denken verstanden würde? Wie viele müßten es sein, die es verstanden hätten, damit die Wirkung einträte, zu deren Bedingung dieses Verständnis gemacht wird? Und was bedeutet die Rede vom Ende des technischen Zeitalters? Sollte mehr erreicht sein, als daß eine ungeliebte Gesamtverfassung des Lebens – eine verachtete Form seiner Veränderungen, wenn nicht Erleichterungen – aus der Welt geschafft wäre, ohne etwas darüber sagen zu können und zu wollen, was denn darauf anderes folgen soll?

Nur das Ende wird versprochen, und das wäre freilich nicht zum ersten Mal, daß den Anhängern einer Lehre genügte, wenn ihnen das Ende des mißliebigen Bestehenden verheißen wird. Sind die, die verstehen könnten, nicht schon zum voraus geeint durch den Wunsch, das

Ende des Bestehenden zu erleben, mit welchen Mitteln auch immer? Das Verstehen ist nur an die Stelle des Glaubens als Bedingung der bestimmtesten Heilsverheißung nach dem bloßen Ende des Bestehenden getreten.

Es ist bei der Unbestimmtheit der apokalyptischen Literaturform geblieben. Sie hat nichts anderes im Hintergrund, als die Drangsale des Untergangs gefolgt sein zu lassen von dem neuen Himmel und der neuen Erde. Von denen nichts anderes zu wissen, als daß sie das Andere des Gegenwärtigen sein würden, muß diesem Verstehen ganz und gar genügen und scheint es zu tun. Was ein neuer Himmel und eine neue Erde sein könnten, nachdem der alte Himmel und die alte Erde ihrem Urheber doch so auffällig mißlungen waren, wird im apokalyptischen Stil so wenig beachtet wie vom späten Heidegger und seinem Verehrer die Frage, was denn derselbe Mensch, dem das technische Zeitalter so radikal mißlungen sein soll, danach an Besserem soll zustande bringen können.

Dieses Problem ließ sich nur auf einem einzigen Wege lösen: auf dem der ›Seinsgeschichte‹. Sie erlaubt zu denken, daß die Subjekte unverändert bleiben, weil sie, um solches Übersehen seinerseits übersehen zu lassen, die ganze Ursächlichkeit von den Subjekten abtrennt und einer objektiven Sphäre zuweist, die nicht mehr die von Menschen gemachte Geschichte, sondern die Geschichtlichkeit als die Eigenmächtigkeit des Seins wird. Es soll das Sein sein, das sich ändert, damit sich die Subjekte nicht zu ändern brauchen. Was sie auch gar nicht könnten und wofür gute Gründe anzugeben, alle Vergeblichkeiten gegen sich hätte, die in der Geschichte schon erfahren und erlitten werden mußten.

Die empirische Vergeblichkeit des Versuchs, die Subjekte zu verändern, begünstigt die Evidenz der einen dann noch möglichen großen Verschiebung, die Gesamtheit der Objekte durch eine geheimnisvolle Fatalität aus dem Hintergrund heraus sich verändern und damit auch die Bedingungen für das Verhalten der Subjekte umschlagen zu lassen. Dann aber wäre das Verstehen eines solchen Denkens, wie das Heideggers, nur Symptom für etwas, was durch dieses Verstehen selbst nicht bewirkt, sondern nur angezeigt würde.

Das technische Zeitalter wäre zu Ende, noch bevor verstanden worden wäre, unter welcher Bedingung.

Selbstbeständigkeit

Ein Leben – eine Identität?

Jeder Mensch hat nur *ein* Leben; ob es aber auch *eine* Identität einschließt, wissen wir nicht. Moralistisch gesprochen bedeutet das: die Verantwortlichkeit für die eigene Vergangenheit ist nicht deshalb unteilbar, weil diese durch die Präsenz in der *einen* Lebenszeit rückverfolgbar ist. Die Vergangenheit müßte, auf welche Weise auch immer, lebenslang *verfügbar* bleiben wie alles, was eben dadurch als das *Meinige*, als ›Eigentum‹ definiert ist. Schreibt ein Philosoph, wie Max Scheler es tat, über »Reue und Wiedergeburt«, sucht er erkennbar nach dem Mittelwert zwischen Reparatur des Vergangenen *und* der Erhaltung der Identität über diesen Hiatus hinweg. Der Apostel Paulus war härter bei dem, was inzwischen als mystische Trivialität frommer Gemüter klingt, durch die Taufe werde der unfehlbar das Gesetz Verfehlende mit Jesus im Tode vereint, um mit ihm als einer aufzuerstehen, der mangels Schuldidentität nicht mehr belangbar, im Gericht also schon ›freigesprochen‹ sei. Für diesen drastischen Daseinsbruch klingt das unverständliche und wohl darum so tröstliche Wort ›Rechtfertigung‹ – um das doch Kriege geführt worden sind – harmlos. So schwer ist es zu ertragen, aus der Selbigkeit von Leben und Identität entlassen zu werden.

Genau dieser Vorzeichnung ist sogar das säkulare Strafrecht gefolgt, als es die Vollstreckbarkeit lebenslänglicher Freiheitsstrafen grundsätzlich bezweifelte, wie gesetzesgerecht sie immer beim Ausspruch gewesen sein mögen. Der Zweifel, der hier ins Spiel gekommen ist, mag sich als ›Humanisierung‹ verstehen und den Sühne-

charakter der Strafe hinter ihrer Gesellschaftsfunktion
zurückdrängen. Das sind die Worte – aber sind es auch
die Sachen? Schnöde ausgedrückt, könnte es so sein, daß
ausschließlich die Akte des Verurteilten seine Identität
enthält und indiziert, während das »Buch des Lebens«,
das beim biblischen Gericht aufgeschlagen wird, mit der
Emsigkeit buchführender Engel durch das Übergewicht
der ›Löschungen‹ markiert ist. Konsequent wäre wohl
als Folgerung aus der unendlichen Genugtuung, die der
Menschensohn dem Vater für die Menschen am Kreuz
geleistet hat, daß der Lebensbuchengel dem Gericht
seine penible Buchführung gar nicht mehr vorzulegen
vermöchte. Aber wie bei anderen Antastungen der Identität auch hat man wohl immer zu fürchten gehabt, dies
wäre ein allzu leichtes Ausfluchtmittel für die Unverbes-
serlichen, die womöglich einzig wirklich ›identischen‹.

Jeder Mensch hat nur *ein* Leben, und daran liegt es,
daß er der Zumutung der ihm abgeforderten ›Bewältigung der Vergangenheit‹ widersteht. Die politisch verei-
nigte Menge der Individuen, der das erst recht abgefor-
dert wird, mag nur ein Leben haben, aber dieses steht
nicht für *eine* Identität. Deshalb wird diese in der Geschichte vergeblich gesucht.

Erinnerung an das verlorene Ich

Unendlichkeit ist eine Pathosformel von zweifelhafter Dignität: erst die Theologie hat daraus ein göttliches Attribut der uneingeschränkten Größe und Vollkommenheit gemacht. Die Griechen noch, die im Unbegrenzten das Gestaltlose – und damit all ihren Vorlieben Entgegenstehende – sahen, kannten die *Welt* als Inbegriff des Seienden und Erkennbaren nur im Begriff des *kosmos*: und wenn sie, wie in der Atomistik, den Raum unbegrenzt werden lassen mußten, glichen sie diesen Defekt aus, indem sie der *Welt* den Plural der *kosmoi* zugestanden, mit denen das Unendlich-Leere spärlich angefüllt war.

Sieht man vom theologisch-mystischen Zwischenspiel der Spätantike und des Mittelalters ab, brachte erst Newtons Physik dem Unendlichen eine positive Funktion: um die Zustandsnorm der Trägheit und Beharrung mit dem davon abhängigen Begriff der *Kraft* einführen und definieren zu können, brauchte er den absoluten Raum und die absolute Zeit als den ›Spielraum‹ physikalischer Bestimmbarkeit, also ›Rationalität‹ der Natur. Eben darin hat ihm Leibniz widersprochen: Unendlichkeit zerstöre die Natur als *Welt*, indem sie die Ununterscheidbarkeit ihrer Zustände, den Mangel an Rationalität ihres Vorhandenseins zur Folge hatte. Wo jeder Raum-Zeit-Punkt jedem anderen gleichwertig war, konnte es keine ›Rechtfertigung‹ der Welt geben, wie sie faktisch ist. Dann wäre es unmöglich geworden, die Welt als den Inbegriff der in Raum und Zeit ›verteilten‹ Individuen zu verstehen. Das aber hieß auch und vor allem:

alles, was mehr als eines war, war überflüssig – und das Eine, das es zu sein gehabt hätte, war schon mehr als nötig.

Man muß nun freilich so tun, als hätte es Kants Kritik der Vernunft nie gegeben, um sich in der Antinomie der kosmischen Begriffe verfangen zu finden. Für Theoretiker des Universums gab es die Aporie nicht mehr – zumindest für ein knappes Jahrhundert; die Welt ließ sich unter dem Druck der zu ihrer Erkenntnis vermeintlich gegebenen Bedingungen nicht mehr ›unmöglich machen‹. Aber was *Erkenntnis* nicht erzwang, konnte *Erlebnis* bleiben – und als solches den ihm adäquaten Ausdruck finden. Fand der Dichter nicht immer noch, daß in der *gedachten* Welt die *erlebte* Welt verschwand? Und zog der nicht seine Daseinsberechtigung aus der Unbefangenheit der Berichtigung am ›neuzeitlichen‹ Weltbegriff?

Im Frühsommer 1943 prägt Gottfried Benn im Gedicht vom »Verlorenen Ich« fast verächtlich die *Unendlichkeitschimären*, in denen sich die Unwahrheit vom überwundenen Mythos zurückzunehmen scheint. Zentral für den Kerngedanken die fünfte Strophe: *Die Welt zerdacht. Und Raum und Zeiten / und was die Menschheit wob und wog, / Funktion nur von Unendlichkeiten – / die Mythe log.* Die Umgehung Kants ist, fast greifbar, vom selben Typus, wie der Wiener Positivismus sie vollzogen hatte: Schicksal von Welt und Ich nur zum Schein ein antagonistisches, in Wirklichkeit die Geschichte der einen Wolke von ›Empfindungen‹, in deren Konfigurationen nur episodisch das Ich kondensiert, um sich alsbald wieder als das Niegewesene zu verlieren. Nur so weit wäre das erstaunlich, als es vorauszusetzen

scheint, Benn habe etwas Philosophisches gelesen, das
wir nicht identifizieren können; aber in Berlin so un-
wahrscheinlich wie in Wien Kant.

Erstaunlich ohne Vorbehalt ist der Schluß des »Verlorenen Ich«, der Gegenpol zum Trug der Mythe wie zu
den Unendlichkeitschimären: die Suche nach dem Ge-
genhalt, wenn auch keinem zu eigen zu machenden, nur
auf Borg zu nehmenden für die großen alten Fragen:
*Woher, wohin – nicht Nacht, nicht Morgen, / kein Evoë,
kein Requiem, / du möchtest dir ein Stichwort borgen – /
allein bei wem?* Dies Geborgte gehört weder in den antiken Mythos noch ins Pathos der Wissenschaft: es ist *Memoria*, Erinnerung an das, was zur Erinnerung gestiftet
und geboten worden war und worin das Ich das Noch-
Unverlorene gewesen war: *Ach, als sich alle einer Mitte
neigten / und auch die Denker nur den Gott gedacht, / sie
sich den Hirten und dem Lamm verzweigten, / wenn aus
dem Kelch das Blut sie rein gemacht, / und alle rannen
aus der einen Wunde, / brachen das Brot, das jeglicher ge-
noß – / o ferne zwingende erfüllte Stunde, / die einst auch
das verlorene Ich umschloß.*

Benn ist der Wortmeister des Unerwarteten. Der Leser, gerade noch mit der Frage *allein bei wem?* aus der
Ratlosigkeit der sechsten Strophe entlassen und die Seite
umschlagend für die beiden letzten, beginnend mit dem
lyrisch schon so lange unerlaubten Auftakt *Ach*, wird as-
soziativ, wenn nicht überdeutlich, auf eine Bildsphäre
verwiesen, die jeder kennt und keiner mehr ›für voll‹
nimmt – es sei denn durch Johann Sebastian Bach. Aber
nun und hier und an den Tagen des großen Scheiterns im
Osten wie im Süden die Verschmelzung von Benn und
Bach, dem Ungenannten? Doch wo wäre in dieser un-

frivolen Ironie die Formel der Frage gefunden worden, um die es dabei nur noch gehen kann: *ein Stichwort borgen – / allein bei wem?*

Die Welt als Flucht – es war das Peinliche, daß die Welt, seit sie ins Flüchtige *zerdacht* war, eben unter jenen *Unendlichkeitschimären*, den Fluchtort der Selbstbewahrung nicht mehr bot: zwischen der verlogenen Mythe und dem reduzierten Nebeltrug war das Ich im *Gewühl der Empfindungen* verlorengegangen. Es blieb die Erinnerung. Aber statt biblisch zu *sein*, gab sie nur die Stichworte und Requisiten für das Muster eines vielleicht einmal unverlorenen, wohlumschlossenen Ich. Keine Anwartschaft auf die Wiederkehr des Gleichen – nur die *Memoria* an das, was immerhin möglich gewesen, wenn auch nicht geblieben war. Warum auch immer Heilsrezepte? Wir leben im Maße von der Erinnerung, wie wir die aktuelle Chance, das Erinnerte noch einmal zu sein, verlieren – und nichts läßt drauf schließen, daß diese Erinnerung uns so trügt, wie der Mythos einst trog und die Chimäre zertrat, was geblieben war. Nicht nur, daß das 20. Jahrhundert mit der fabulösen Neomythe der Erinnerung – des *Unbewußten* statt des *Unendlichen* – anbrach und mit dem Verdacht ihrer Lüge enden wird; es ist mehr, erfüllt und gar überfüllt mit Erinnerung, in der sich das ›verlorene Ich‹ seine Stichworte sucht, als könne es sich wiedergewinnen um diese Kondensationskerne.

Nein, Erinnerung als diese Modalität unvermeidlicher Diskontinuitäten, diese Fragmentensammlung, gewährt uns (wir wissen es noch nicht) einen anderen und nicht minderen Aggregatzustand des Lebenkönnens. Verloren das Ich, unbenannt noch das statt dessen möglich Gewordene – ohne die Mitte, der sich alle neigten und dabei doch nur ein Diagramm der Einheit simulierten. Ohne das Brot, das wir schneiden, statt es zu brechen, ohne die Wunde, aus der das verlorene Ich zu seiner Odyssee aufbrach, auf der wir immer noch neuer Ungeheuer gewärtig sein müssen. Aber wir haben die Erinnerung, ihre Requisiten und Bilder und Stichworte inmitten der Ichverlorenheit, der Aussichtslosigkeit, sich wiederzufinden, bei aller Not, sich ein *mögliches Selbstverständnis* zu erzwingen.

Die Welt hat keinen Namen

Die Misere der Namenlosigkeit

> *Welche Krankheit ist es, die Lorenzo daniederhält? Nennt uns den Namen! Ein Name kann so tröstlich sein ...*
> *Ich kann Euch keinen Namen nennen, gnädiger Herr! Diese Krankheit ist namenlos, wie unsere Angst. Wollte man ihr einen Namen beilegen, so lautete er kurz und abscheulich.*
>
> Thomas Mann, »Fiorenza« II,3

Als der unselige Adam, gerade noch die Seligkeit des Gartens Eden genießend, den Umgang mit Besatzung und Besetzung dieser Vorzugswelt zu erlernen hatte, bekam er das Privileg, den Dingen Namen zu geben: jetzt würde er sie rufen und sich gefügig machen können. Was da noch nicht ›Magie‹ hieß, entstand und lebte als verruchtes Relikt in der Erinnerung fort. Entscheidend blieb die Bindung an die Kenntnis des Namens, entsprungen jener gottbefugten und den Schöpfungsbefehlen so nahestehenden *Onomathesia*: statt »Es werde« nun nicht weniger gebieterisch »Es heiße«. Namengebung blieb die Auszeichnung der Herrscher und allerspätesten ›Schöpfer‹ aller Kunstgebilde, der Städtegründer und Fabrikaterfinder, der Entdecker fernerer Planeten und kleinerer Planetoiden wie exotischer Inseln und transuraner Elemente. Immer ging es noch ein wenig – zunehmend weniger – um den ›Baum des Lebens‹, um die vermeintliche Unsterblichkeit in Fußnoten und in Lexika.

Vertreibung aus dem Paradies – wie können wir das noch verstehen? Wir haben die Namen, die ›wahren‹ Namen, der Dinge vergessen wie der Platoniker die Ideen, wir sind in die Konfusion der Namengebungsregeln geraten, um bei der Vergeblichkeit dieser Art von ›Verewigung‹ anzukommen, da nicht einmal mehr die Briefmarken- und Geldscheinsammler mit den Namen derer etwas verbinden, die auf diesen ›Wertzeichen‹ abgebildet sind und aus ganz anderen Gründen als denen ihrer Absicht ›etwas gelten‹. Die Kontingenz der ›Umbenennungen‹ von Städten und Stätten, Straßen und Plätzen lasse ich notgedrungen beiseite, weil sie nicht nur Ärgernisse schaffen, sondern auch solche beseitigen – dies nur ein Indiz für die heillose Zwangsläufigkeit, die uns mit der vermeintlichen Gunst der Namengebung geblieben ist. Nur die 200 000 Malediver mußten darauf verzichten, die etwa 2000 Inseln ihrer Republik im Indischen Ozean sämtlich zu benennen; die meisten sind namenlos geblieben – ohne Scheu vor dem Entsetzen, dessen höchsten Grad wir mit dem Attribut der ›Namenlosigkeit‹ verbinden.

›Namenloses Entsetzen‹ ist nur der auf den Augenblick reduzierte Aggregatzustand jenes umfassenderen ›Keine-Worte-Habens‹, das ebenso pathologisch wie ästhetisch sein kann. Seit ›Dunkelheit‹ eine Qualität von Wortkunst, von ›Dichtung‹ geworden ist, worin sie sich der Domestizierung durch ›Deutungen‹ zu verweigern beansprucht, sehen wir einen der Übergänge von jenem archaisch erstarrenden Verstummen zum ›Worte-Finden‹, das zuerst der Philologe Hermann Usener zu seinem Begriff der ›Augenblicksgötter‹ führte[1] und dem

---

1 Hermann Usener, »Götternamen«, Bonn 1896.

der Marburger Neukantianer Rudolf Otto einen Platz
im erweiterten System der Kategorien, denen der religiösen Erfahrung, zu verschaffen suchte:[2] Das Numinose sollte fortan heißen, was in Erlebnissen des *tremendum*, des *fascinans* und des *sanctum* seine (Un-)Faßbarkeiten hätte. Ernst Cassirer systematisierte 1923 das
Stupende im zweiten Band seiner »Philosophie der symbolischen Formen«: Namenwerdung statt Namengebung.

Alles, was es gibt, hat einen Namen – oder hätte ihn,
sobald unsere Erfahrung, als Wissenschaft oder nicht, an
ihr ebenso ideales wie illusionäres Ende käme: *Mehr ist
nicht der Fall*. Aber wenn es allem, was es gibt, einen
Namen zuzuordnen gäbe – und sei es in der Verlegenheit des Überflusses eines jener Codesigel, mit denen die
Astronomen nach dem Aufbruch des Pantheons der
Antike die Überraschungen vager Objekte – Wölkchen
und Häufchen, Spiralen und Geschweiftes – nur noch
›etikettiert‹ haben, gibt es noch Namen genug, denen
keine Erfahrung oder Anschauung nahekommt oder
Gegebenheit ihrer ›Sache‹ verschafft. Es geht dabei ganz
und gar nicht ums Phantastische. Nur eben, daß von einer Position aus gesprochen wird, die niemals die der
Anschauung und damit der zureichenden Begriffsbildung sein kann.

Adalbert Stifter hat in einer der Episoden seiner
»Bunten Steine«, bewußt im Widerspruch zum Gesamttitel mit dem kargen »Kalkstein« überschrieben, im unvergleichlichen Aneinander von Schwermut und Leichtigkeit die Schlüsselszene beschrieben, in der der ich-er-

2 Rudolf Otto, »Das Heilige«, München 1917.

zählende Landvermesser im Gebirge nach einer Gewitternacht auf eine kleine Gruppe von Kindern trifft, die auf ihrem Schulweg den gewaltig angeschwollenen Bergbach durchqueren müssen und dem besorgten Zuschauer den trotzigen Stolz der Gefahrerfahrenen entgegensetzen. Obwohl sie doch den einen Begriff, die eine Erfahrung nicht haben können, mit deren Namen sie so unbefangen umgehen: *Aber sie kennen den Tod nicht*, läßt Stifter seinen Geometer denken. *Wenn sie auch seinen Namen auf den Lippen führen, so kennen sie seine Wesenheit nicht, und ihr emporstrebendes Leben hat keine Empfindung von Vernichtung. Wenn sie selbst in den Tod gerieten, würden sie es nicht wissen, und sie werden eher sterben, ehe sie es erführen.*

Das ist nicht nur ein Stück Kinderfreundphilosophie. Es gilt so universell wie die Selbsternennung eines jeden zum ›Ich‹, aber radikaler: Denn ein Ich ist der, der dies denkt, *schon*, wenn er den anderen es *auch* sein und sagen läßt. Wir haben einen Namen für den Tod, aber keinen Begriff, der nicht auf dem Konstrukt äußerer Merkmale beruhte, die so verschärft und vermehrt werden können, wie es neue Rettungsmittel erfordern. Es ist ein regulativer Begriff, von dem die trivialen abgeleitet sind; gerade daran in vager Distanz der Bergdorferfahrung zu denken, ist, was Stifters Erzähler den gefährdeten Kindern noch möglich sein läßt. Ein Name, dessen Benanntes nicht nur Kindern entzogen ist, mag das Dasein auch Sein-zum-Tode bis zu diesem selbst sein und bleiben.

Es gibt wenig her, das ›Erlebnis‹ Tod mit dem ›Erlebnis‹ Schmerz zu vergleichen. Zwar gibt es auch vom Schmerzerlebnis keine Beschreibung, auf seine Intensität bezogen; während jeder *seinen* Tod stirbt und kein anderer weiß, was das ›bedeutet‹. Der Name vergleicht die Kinder und den Alten nur hinsichtlich dessen, was Dritte – etwa der Arzt, der den Totenschein ausstellt – als annähernd objektiven Befund erheben. Nicht ›objektiv‹ genug, wie die erstaunliche Pathologie der Scheintodfurcht belegt. ›Der Tod ist eingetreten‹, diese alte Amtsformel seit Hippokrates und Galen hat eine metaphorische Konnotation, die sich solchen Vieldeutigkeiten, die *ein* Name zusammengreift, ein wenig annähert. Entscheidend ist, daß der Tod das Sinnpotential des Lebens erschöpft: was *gewesen* ist, *ist* nun das Ganze. Es noch auf *eine* Formel zu bringen, heißt nicht, es zu beschreiben oder zu definieren, sondern ihm als ›Erlebnisquantum‹ einen Titel zu geben, was anderen als Dichtern wohl selten gelingt. »Kurios« haucht der Konsul Jean Buddenbrook auf dem Sterbebett, und wie es gemeint ist, gibt er als gestischen Akzent hinzu, indem er sich von der versammelten Familie ab- und der Wand zuwendet. Der *Name* erträgt die *Qualität*.

Keinen Namen hat die ›Welt‹. Wie sollte sie auch und wozu? Es fehlt jedem potentiellen Namengeber das Minimum an Distanz, das Namengebung zur Bedingung hat. Ihm fehlt jede Art von Intention für eine ›Sache‹, auf die man nicht zeigen kann, weil man zu tief in ihr steckt. Auf die ›Welt‹ zu zeigen, geht ins Leere, mochte auch der deutsche Aufklärer Wolff sie zur Vermeidung der *res* als eine *series rerum* definieren. ›Welt‹ also ein Name für einen Begriff? Nein, eben dazu fehlt es an allen Bestandsstücken einer Ersetzungsregel: Ein Begriffsname muß immer durch eine bestimmtere Formel *ersetzt* werden können. Die Welt ist so unersetzlich, könnte man mit einer kleinen Subreption sagen, daß auch die

vermeinten oder selbstbeförderten Verwalter von ›Welt-
begriffen‹ nur zerstören, was sie nicht haben.

Dabei zeigt der *Name* seine Kehrseite der *Magie*: er
benennt nicht, was stillhält wie Adams Paradiesesfauna,
sondern beruft und zitiert herbei, was sich nur dem Stärkeren fügen würde. Unter den Namen, die hier immer
zu Kunstgriffen werden, hatten die Griechen den glück-
lichsten: KOSMOS verschmähen noch die Kosmologen
nicht, obwohl es schon genuin die Pathosformel für
Ordnung und Zierde, Disziplin und Beständigkeit, aber
auch Totalität und Geschlossenheit gewesen ist. Noch
die Atomisten, die die Welten wie die Atome in den un-
bestimmtesten Plural versetzten und zur Wurzel der
Welten den Wirrwarr (erst seit dem 18. Jahrhundert) er-
ratischer Atome machen wollten, blieben bei KOSMOS
im Plural – einem gar nicht genug zu bedenkenden Sinn-
verderb der Geschichte des Denkens bis auf den heuti-
gen Tag. Gäbe es diesen Plural, nützte er uns nichts für
eine neue große *Onomathesia*. Denn ›eine‹ Welt hat nun
einmal diesen unbestimmten Artikel nur, weil in ihr zu
sein von ›einer‹ anderen zu *wissen* schlechthin ausschließt.

Die Vermehrbarkeit des KOSMOS, von den Atomisten
erfunden und von Aristoteles mit Erfolg für zwei Jahr-
tausende bestritten, hat etwas vorbereitet, was dann
doch die Rede von der ›Welt‹ zu einer namentlichen dis-
ponierte: es gab, im Überschwang einer metaphorischen
Pathosformel, die »Neue Welt« für eine neue Epoche,
die sich »Neuzeit« nennen wird, und damit eine »Alte
Welt«, die sich zuvor nicht *alt* vorkommen konnte, weil
für sie Erweiterungen auch nur um vier Monde oder einen Planeten oder zwei Kontinente (dann drei) ganz un-

erahnbar und damit unbenennbar waren. Namen können den Sachen und Prozessen vorauseilen; hier taten sie
es nicht: Amerika am Horizont war Westindien, erst
dann eine Neue Welt mit einem fast gleichgültigen Na-
mensfehlgriff, an den wir für den Rest dieses Jahrhunderts erinnert werden.

Schneller, als das Bild der Welt sich veränderte, verän-
derten sich die Erwartungen auf weitere Veränderungen.
Dieses Potential schafft sich in der Namengebung ein für
ausgiebig gehaltenes Reservoir: aus mythologischen Beständen, wie bei Himmelsnovitäten, harmlos, aber nicht
unerschöpflich; aus dynastischen Reverenzen, wie für
arktische und antarktische Inseln, unerschöpflich, aber
nicht bleibend harmlos wegen kommender Umbenen-
nungsdekrete neuer Imperien; aus den Namensrechten
von Entdeckern und Erfindern auf ihre Anteile an der
neuen Weltauffüllung. Weniger harmlos wegen der Prio-
ritätskonflikte, die auf bedrucktem Papier ausgetragen
wurden und durch vorletzte Rückgriffe ins mythologi-
sche Arsenal beigelegt und vergessen werden konnten,
waren teleskopische Objekte wie der Planet Neptun,
den Le Verrier hypothetisch errechnet, Galle optisch
›realisiert‹ hatte, mit der mühsam geschlichteten Ambition national gefärbter Namengebungen. Harmvoller,
weil nahe ans Zeitalter der Weltkriege heranführend,
waren die Komplettierungen und Erweiterungen des
chemischen Systems der Elemente (Polonium, Germa-
nium usw.), wo im riskanten Gebiet des Instabilen noch
einmal die alten Götter verharmlosend einsprangen
(Uranium, Plutonium, Neptunium).

Bei den technischen Geniestreichen wollte Werner
von Siemens die internationale Patentsicherung; sie half

ökonomisch, nicht onomatisch: mancher fährt einen ›Diesel‹, ohne den abgelegten ›Otto‹ je so genannt zu haben. Bewundernswert ist erst wieder die Namensdiplomatie der Raumfahrtinstitutionen für ihre Fuhrparks; hier erzwingt die Ökonomie das Minimum an Anstößigkeit trotz hinterhältigen Arrogationen. Aber was ist das gegen Halleys Ewigkeitsversicherung mit der Zuverlässigkeit seines Kometen, den ein Günstling des Himmels gerade zweimal in einem Leben sehen darf!

Die Welt hat keinen Namen – als sei dies der Preis dafür, daß alles in ihr und durch sie von der Regularität der Namengebung umfaßt wird. Vom ›Entsetzen‹ der Namenlosigkeit ist die Neuzeit trotz dem Überdruck der Benennungsanwärter nicht geplagt worden; aber die Gefahr der Willkür bei der ›Okkupation des Herrenlosen‹ – und läge es unter kilometertiefem Eise – war so wenig zu vermeiden wie der Wettbewerb um die Qualität der *Aura* als des Überschusses über die logische Festlegung, der namengebundenen Kondensation von Emotionen, mit denen Namen noch in anderer Weise ›Geschichte machen‹, als es die Inhaber dieser Namen gekonnt hätten. Doch die Ängstlichkeit von Magistraten und Senaten, mit Akten der Namengebung nicht aus dem Tritt des Zeitgeistes zu fallen, ist signifikant für den magischen Rest am Namen. Ich kann es wissen (man verzeihe mir diese Einschaltung), denn ich habe einen Teil meines Lebens nahe einem großen Platz gewohnt – dem größten des Landes, in dem er heute liegt –, der während dieser Zeit fünfmal seine Namensschilder wechseln mußte, um am Ende zu heißen, wie er am Anfang geheißen hatte: »Lindenplatz«. Die Unwürdigkeit des Namengebergeprotzes hat der Verlegenheit der schlichten Rückgabe eine unverhoffte auratische Zutat eingetragen: die der fortan gesicherten Unantastbarkeit.

Betrachtet man die »Neuzeit« als eine Epoche der ›Neuerungen‹ im weitesten Sinne, so ist sie auch das Zeitalter einer jeden Paradiesesakt sprengenden *Onomathesie*. Dabei kam, fast wie zufällig, der Zustrom griechischer Wortschätze aus dem zunehmend bedrängten Osten gelegen; am griechischen Gepräge der Titulaturen für die ›neue Welt‹ (hier der Wissenschaften, Technik und Künste) wird erkennbar, was allererst zu benennen war, während in Medizin und Jurisprudenz das lateinische Erbe eine nicht immer heilsame Konstanz verbürgte.

Jacob Burckhardt hat beschrieben, wie das gräkophile Florenz der Mediceer zum Schauplatz des Vorauseilens der Namen vor den Sachen wurde. Es sollte der Neuzeit eigentümlich werden, wenn auch die überfällige Neubildung der UTOPIA nicht aus dem Staat der Mediceer kam, in dem an der Verfassung, statt an der Natur, experimentiert wurde. Burckhardt sieht hier erstmals den *großen modernen Irrtum* am Werke, daß man *eine Verfassung* machen, *durch Berechnung der vorhandenen Kräfte und Richtungen neu produzieren könne.* Da kommt es zu Institutionen und Prozeduren, zu denen das Bedürfnis zuerst einmal ›benannt‹ sein will, bevor ›Staatskünstler‹ hochbenamte ›Scheinbehörden‹ entwerfen, es zu befriedigen. Sogar Savonarola schöpft aus der Allkompetenz geistlicher Zerebralität: in der Predigt am 3. Adventssonntag 1494 programmiert er, wie eine Verfassung herzustellen sei. Namen mußten zumal die Parteien bekommen, und manche Gräzismen behielten europäische Geltung. Darauf verweist Burckhardt mit dem

Satz: *Wie sehr färbt und entfärbt aber der Name die Sache!* So bekamen wir schließlich die »Ökotrophologie« als akademisches Fach.

Nicht zuletzt ist die Namensthematik der Leitfaden zum Antagonismus von Philosophie und Theologie. Nicht nur gegen die Vielzahl, die Überzahl der Götter richtet sich die Philosophie der Antike von Anfang an; auch und nicht zuletzt in der Namensreinheit des Gottes, in der Reduktion auf seinen Begriff vollzieht sich die erste der ›Entmythisierungen‹. Der Gott hat keinen Namen. Im Sich-selbst-denkenden-Denken wäre jeder Name Verunreinigung; und zu diesem von Aristoteles erreichten Gipfel folgt ihm die theologische Rezeption auf der *via negationis*.

Die christliche Kohabitation des Gottes der philosophischen Mythenkritik mit dem Gott der Bibel ist *das* Rätsel der Dogmengeschichte. Denn der biblische Gott hat einen Namen, ob er ihn verschweigt oder offenbart, zu mißbrauchen verbietet oder zu preisen gebietet. Nur ist dieser, der sagt »Ich bin der ›Ich-bin‹«, der Namens-empfindsame, der nicht preisgibt, bei welchem Ausdruck er sich *rufen* und *beschwören* läßt. Der *eh 'yē* in Exodus 3,14, der sich dem nachfragenden Moses als ein rechter *deus absconditus* benennt, hat denn auch die Übersetzer zur Verzweiflung getrieben (Buber hat: ICH BIN DA) – und damit erreicht, was er auf jede Namens-rückfrage angezeigt wissen wollte: Nicht auf die *Kenntnis* des Namens, aufs Eingeweihtsein ins Geheimnis, kommt es an, sondern auf die *Wirksamkeit* in der Anrufung.

Die Lizenz, ja das ausdrückliche Gebot, den »Herrn« als Vater mit dem Gebet zu konfrontieren, ist die ›Lö-

sung‹ der Namensproblematik durch Jesus von Naza-
reth, dem die Dogmatik Gott in ganz anderem Sinne als
dem der Namentlichkeit zum Vater gegeben hat. Dies
wäre das Zentrum einer Offenbarung, die nicht darin
bestände, ›etwas mehr‹ von Gott gesagt zu bekommen,
als anderen gesagt worden war. Das Wesentliche am Va-
ternamen ist, daß an ihm die Spuren der Magie nicht
mehr haften. Nicht zufällig gehört die Vater-Anrede Jesu
zu den wenigen authentisch-ursprachlichen Elementen:
der aramäische Vokativ *abbā* nach Markus 14,36 bewahrt die *ipsissima vox* dessen, der zu keinem anderen
Zweck seine Intimität preisgibt, als den Anhängern und
Anwärtern zu sagen: So sollt auch ihr ihn nennen!

Zu dieser unprätentiösen Zugänglichkeit gelangt die
Philosophie gerade dann nicht, wenn sie zum Auftakt
der mittelalterlichen Scholastik Anselm von Canterbury
zwei Gottesbegriffe anbieten läßt, die keiner seiner
Nachfolger – durch Aristoteles verstört! – einzuholen
vermochte: Gott sei *aliquid quo maius cogitari nequit*,
doch nicht damit genug, sei er erst recht ein *quiddam
maius quam cogitari possit*. Da ginge der Name im Begriff und der Begriff in der Existenz auf – wenn nur die
Prozedur aufginge.

Auf diesen Aspekt der Gottesnamenthematik bin ich
nur eingegangen, um auf eine biblische Verwunderlich-
keit zu kommen, die immer unterbelichtet geblieben ist:
dieser nazarenische Heilbringer gibt seine Anrede des
»Herrn« preis und frei, legitimiert nach Lukas durch den
Spruch des seine Ankunft verheißenden Engels, welchen
Namen er durch die Welt zu tragen habe. An diesem Ga-
briel, der die Jungfrau zur Mutter ›ernennt‹, mag sich är-
gern, wer will: die Liebhaber des ersten Lukaskapitels

waren entzückt zu erfahren, wie ihr Rabbi zu seinem
Namen gekommen war und daß sie nicht ein Produkt
elterlicher Verlegenheit als kontingentes Faktum hinzunehmen hatten. Diesem ging der Name voraus. Und das
nicht nach der Art des abstrakten ewigen *Logos* im ersten Johanneskapitel, der doch dann als *dabār* zur Jor-
dantaufe hätte daherkommen müssen. Mochte er der
Logos sein, er hieß jedenfalls nach nichts dergleichen;
sein Name *Jesus* (gräzisiert von *jehoschua*) hat keine
Aura, ist gebildet nach einem Schema, das germanisiert
etwa einem Gotthold entspricht.

Der in griechischer Mentalität auf die Urgeschichten
eingestellte Lukas unterstellte bei seiner durch Paulus
ausgebreiteten hellenistischen Leserschaft den Bedarf,
die Namensherkunft des Heilsstifters wenigstens durch
einen Erzengel beglaubigt zu wissen. Lukas konnte vor
der Kontingenz des Namens stutzig werden und dies bei
seinen Adressaten unterstellen; den Anstoß zu mildern,
der in der Tyrannei der Namensübernahme von vielen
empfunden wird, genügte ihm nicht das messianische
Epitheton des ›Gesalbten‹ (*christos*).

Wie riskant es war, in der Namensfrage etwas offen-
zulassen, läßt sich an der Geschichte des Messianismus
ablesen. Sogar in der Matthäuspassion ist es erkennbar,
daß des Sterbenden verzweifelter Schrei *Eli, Eli* ... von
den Vorübergehenden als Ruf nach dem Propheten Elias
gehört wird, der als einer der Aspiranten auf die Messia-
nität verstanden wurde, weil er nicht regulär gestorben
war. Ein Beleg mehr dafür, daß Namensmangel auch
Hintertüren für falsche Messiasse offenläßt, an denen es
nicht fehlen sollte.

Für die Gläubigen Jesu war noch etwas von überragender Bedeutung: Sie kannten den Namen ihres Richters im Endtribunal. Sokrates hat das sogar für den Philosophen vorgezeigt: wo der *Logos* versagt, wird Raum für den *Mythos* – und da kennt doch dieser Sokrates die *Namen* der Totenrichter. Die vier und ihre Vorgeschichte zu kennen, gibt seinem Unsterblichkeitsglauben ›Solidität‹. Da ist kein ›Einfluß‹ auf die Bibel im Spiel, eher kommt eine Konstante des Sinnvertrauens zum Vorschein. Die Evangelisten sind sich zwar nicht einig, ob Vater oder Sohn Gericht halten werde; aber die Wiederkehr des Jesus auf den Wolken des Himmels war die des ›richtigen Richters‹, auf den schon hierorts jeder seinen Anspruch hat. Was von der Angelus-Episode bis zur Gerichtsapokalypse den Heilskontext durchhält und seine Bürgschaften umschließt, ist der konkret-kontingente Name, den – wenn man auf Einheit einer ›Offenbarung‹ besteht – der *Logos* angenommen hat, um unter den Menschen zu wohnen, was dem Namenlosen, auch dem Abstraktnamigen, verwehrt gewesen wäre. Der lukanische Namensbefehl des ebenso namentlich auftretenden Botschafters ist Vorsorge für Identifikation – sogar über der Passionsfigur am Kreuz wird das altbekannte I. N. R. I. von der römischen Macht angebracht werden: Wer immer noch nicht resigniert hatte, konnte den zur Unkenntlichkeit entstellten Davididen wiederfinden.

Zuschauer

Die Verwerflichkeit des Zuschauers

KOSMOTHEOROS ist ein erst neuzeitlich ins Griechische zurückerfundenes Kunstwort. Es ins Deutsche zu übersetzen, ist mit den Zeiten schwerer geworden, als es gegen Ende des 17. Jahrhunderts mit Christiaan Huygens schöner Doppelwortbildung gewesen wäre.

Als ›Weltbetrachter‹ würde es ein ernsthafter Pedant: von unbekannter Stimmung und Einstellung, erst recht von unbekannter Bewertung seines Titels. Jedenfalls weder ein Genießer noch ein Präzeptor für andere; es ihm gleichzutun und einzutreten in eine Gemeinschaft als ein Publikum, dem, Folgerungen zu ziehen, nicht fremd wäre aus dem, was sich ihm zeigt.

Als ›Weltanschauer‹ ist es der Vorläufer eines erst im 19. Jahrhundert entstehenden und schnell zu dubiosen Gefälligkeiten auflaufenden Doppelbegriffs, worin sich mehr als Anmaßung konzentriert; das Gesamtergebnis vieler einzelner Wissenschaften zu vereinigen in *einem* Besitz, einer Besitzform des Ganzen. Sie hatte vor allem die Funktion, ihren Besitzer in humanen und politischen Parteinahmen wie Entscheidungen zu legitimieren. Bis hin etwa zu den zuerst empfindlichen, dann brutalen und schließlich mörderischen Folgerungen aus einer ›Weltanschauung‹, die die Ungleichwertigkeit der Menschen zum Ausgangspunkt aller Ansprüche, Rechte und Vollstreckungen machen sollte.

Der ›Weltanschauer‹ erwirbt nicht erst wie der ›Weltbetrachter‹ die Gesamtansicht, er hat sie schon und immer schon gehabt, und er entdeckt zuweilen erst spät, daß, mit ihr *Ernst zu machen*, der bestimmende Entschluß sein müsse. Dabei mag ihm diese oder jene Bestätigung oder Bestärkung noch bevorstehen, ein berufliches Desaster oder die grüne Festspielweihestunde eines Opernhauses als ›Erlebnis‹ bereithalten – er weiß jedenfalls, was es bedeuten soll.

Als ›Weltzuschauer‹ wirkt jener KOSMOTHEOROS am leichtesten, ja am leichtfertigsten. Er läßt die Dinge, die *sich* zeigen und offenbar *ihm* sich zu zeigen geneigt sind, Revue passieren. Er genießt die Distanz zu denen, die selbst *sein* müssen, als was sie sich *zeigen*, woran er sich mit dem Gefühl erbaut, eben dies am geschützten und verschonten Vorzugsplatz seiner Schaulust nicht nötig zu haben. Ihm zeigt sich alles, er zeigt sich für nichts und als nichts: das reine EGO, unter den Wesen das wesentlichste.

Das *Weltschauspiel* der Masken und Marionetten sich gefallen zu lassen, berechtigt ihn der geheimnisvolle Zusammenhang, in dem er mit dessen Hervorbringung steht, weil er es sonst nicht verstände. Daß der alte THEOROS, der Theaterzuschauer, der älter ist als seine THEORIA, wieder hervorgeholt wurde, macht nur die heimliche Erwartung ablesbar, daß auf den subtilen Genuß noch nicht verzichtet worden war, der der pedantischen Weltbetrachtung wie der anbindenden Weltanschauung verlorengegangen ist. Der Genuß schützt ihn davor, sich als Erretter ins vermeintliche Weltunheil zu stürzen: als ›Weltbewahrer‹. Der Weg ist nicht weit vom Logenplatz zur Predigtkanzel, wenn erst der Zuschauer eine Figur des schlechten Gewissens geworden ist.

Wie ein Fazit der negativen Geschichtserfahrung mit ›Weltanschauungen‹ mutet es an, wenn die wahre ›Katharsis‹ des Zuschauers in seiner *Entweltlichung* gefun-

den – oder zumindest gesucht – wird. Dies geschieht
primär in der Herstellung von *Indifferenz* gegenüber
der Realität der Gegenstände, mit denen es die Anschauung zu tun hat. Die Mathematik ist das Modell, auch
wenn der verzweifelte Versuch gemacht wird, von der
›Existenz‹ ihrer Gegenstände zu sprechen. Es mag sein,
daß es in der Konsequenz der phänomenologischen
Begründung der objektiven Existenz *aller* Gegenständ-
lichkeiten auf deren *intersubjektive* Gegebenheitsweise
liegt, der Allgemeingültigkeit dieser Gegenstände das
begriffliche Äquivalent einer ›Existenz‹ zu geben. Doch
kann diese Redeweise nur am Ende des Vollzugs jener
Reduktion aufgenommen werden, durch die zunächst
die Welt aus dem Spiel genommen wird, um zu dem ›Residuum der Weltvernichtung‹ zu gelangen, für das alles
erst den Geltungswert der real existierenden Welt haben,
gewinnen oder verlieren kann.

Daß die Reduktion der Welt aus dem Ärgernis ihrer
Kontingenz philosophisch unumgänglich war, um an
›das Wesentliche‹ heranzukommen, mußte nicht auf das
Residuum des cartesischen *Ego cogito* hinauslaufen, das
doch Zuschauer nur *seiner selbst* bei Restitution einer
den Vorschriften nach unbekannten Welt werden kann.
Es ist eine Reduktion, eine Weltvernichtung mit Vorbehalt – also auch ein Residuum mit so etwas wie Weltre-
sten. Die Schrumpfung des Raumes bleibt dahingestellt,
die der Zeit wird im Ego des Bewußtseinsstroms ausgeschlossen. Und wenn Kant mit der »Widerlegung des
Idealismus« gegen Berkeley recht behalten sollte, ließe
sich die Zeit gar nicht retten ohne den Raum als Anzei-
gefeld ihrer Bestimmtheit. Als *Residuum der Weltvernichtung* zeigte sich das Ich als zu komplex, zu reich an

Implikationen. Auch als absolute Subjektivität *brauchte* es eine Welt überhaupt, wenn auch nicht notwendig diese – ein erst spät von Husserl rehabilitiertes transzendentales Deduktionsprinzip: das *Absolute* erst war ganz und wesentlich ›Zuschauer‹ von Gnaden seiner selbst und deshalb von unbestreitbarer Legitimität. Die Unerwünschtheit dieses Resultats machte es seinem Urheber unverdächtig. Gerade wenn es verwerflich war, ›bloßer‹ Zuschauer zu sein, demonstrierte es einen Trotz höherer Art. Nicht zufällig zu ungefähr gleicher Zeit mit Husserls »Krisis«-Konzeption trat der letzte Herausgeber von S. Fischers »Neuer Rundschau« vor ihrem Untergang 1942/43 mit gewagten Zeitkommentaren auf den Plan, was unter der Rubrik »Zeugnisse der Selbstvernichtung« vom Propagandaministerium quittiert wurde.[1] Darf man Zuschauer *bleiben* unter allen Bedingungen? Diese Frage ist, so oder etwas anders, unter den verschiedensten Meinungsregimen gestellt worden. Nur: Eben das spricht am wenigsten gegen Insistenz aufs Zuschauertum. Doch: Mußte das Kondensat der Reduktion nicht *mehr* Resistenz gegen jene Drohung der *Selbstvernichtung* bei Weltvernichtung bieten? Eine *Fin de siècle*-Frage immer wieder.

Bleibt als *Residuum der Weltvernichtung* das ›reine Ich‹, so ist dieses doch weiter konstituiert von dem her, was bis auf diesen ›Rest‹ vernichtet, nämlich ihm entzogen worden ist: ein *Ich denke* ohne sein bestimmt *Gedachtes* – folglich mit dem als unbestimmt Gedachten, bei dem es nicht belassen werden kann. Die Lösung hatte schon Aristoteles für einen Ausnahmefall angege-

1 Siegfried Unseld, »Suhrkamp Verlagsgeschichte 1950–1990«, Frankfurt a. M. 1990, S. 16.

ben, den des Unbewegten Bewegers, der nichts anderes als das sich selbst denkende Denken sein sollte. Auch das absolute Ich als Weltvernichtungsrückstand ist nur möglich als Reflexion: das Bewußtsein als das sich selbst exklusiv Gegebene. Ganz konsistent cartesisch ist es die *res cogitans*, die sich ihre einzige *res cogitata* wird. Daß sie damit eine ›unendliche Aufgabe‹ vorfindet, das wiederum hatte Descartes nicht gewollt: auf dem schnellsten Weg wollte er die Reflexion sich selber aufheben lassen, um das Denken der Welt als endgültig gesicherte Erkenntnis wiederzugewinnen. Der Zuschauer seiner selbst war doch nicht der Selbstzweck, den er sich setzen durfte, da es um die Sicherheit des Lebens in der Welt als Moral und als Medizin der Langlebigkeit ging. Waren diese Ziele erreicht, ließ sich über den voll auszukostenden Genuß des Weltzuschauers erst in Ruhe reden.

Alles kam darauf an, ob diese Verkürzung in der Reduktion die behauptete Radikalität auch besaß. Mußten nicht statt der ›Gegenstände‹ oder vor diesen Raum und Zeit dem Ich genommen werden, um es auf seinen Urbestand schrumpfen zu lassen? Zwei Phänomene kamen in Betracht, diese Verschärfung der Reduktion im ›Erlebnis‹ anzuschauen: die *Angst* für die Schrumpfung des Raumes und die *Langeweile* für die Amputation der Zeit. Es läßt sich zeigen, daß man nicht beide Optionen offenhalten kann.

Es liegt nahe, daß die Angst als Abkömmling der *angustia*, der Beengung, die Erstarrung der Bewegung ›entpsychologisieren‹ läßt. Der Raum ist verloren, auf den sich die jeder Koordination von Motorik vorausgehende Phantasie beziehen muß und in dem sich alles ›befindet‹, woraufhin das Ich seine Qualifikation als Zuschauer rea-

lisieren kann. Aktionen und Akteure spielen im Raum
und innerhalb einer ausgezeichneten Raumvorgabe, die
durch den Horizont begrenzt wird. Die Angst zerstört
den Zuschauer, ohne ihn *eo ipso* auf die Reflexion zu-
rückzuwerfen: die Basis des Beweises der Weltrealität,
die Descartes im *Ego cogito* gefunden hatte, gibt keinen
Standpunkt mehr ab, um mit der Welt neu und von
Grund auf zu beginnen.

Luther hat sich darüber gewundert, daß die Angst vor
der Pest noch *tempore evangelii et sub evangelio* umgehen konnte (6. Dezember 1538; n. 4179), während sich
die Leute einst unter Papstesherrschaft nicht so geäng-
stigt hätten. Das hatte seinen Grund: damals (*in papatu*)
vertraute man auf Mönche und Nothelfer, während *jetzt
und muß ein ieder auff sich trauen vnd faren*. Das ist die
Neuzeitlichkeit der Reduktion als Verlust der Bezugsfi-
guren von Zuverlässigkeit.

Angesichts des Volksschreckens (*pavor populi*) gab es
so wenig tröstend anzurufende Namen, wie es für den
Einsamen über der göttlichen Schrift Lehrer und Helfer
seines Verstehens gab. Die Drohung ist so unsichtbar
und unfaßbar, wie es der namenlose Gott gewesen war,
bevor er seinen Namen offenbarte und seinen Logos
Fleisch werden ließ. Das Unsichtbare stiftet die Angst,
weil es im Raum nicht ›vorkommt‹ und dem Geängste-
ten nicht offenläßt, wohin er sich flüchtend oder zu-
fluchtsuchend wenden kann. Das ist für die Pest bis zum
Ende des 19. Jahrhunderts so geblieben, als Alexandre
Yersin den Erreger und seinen Träger – noch nicht seinen Überträger – entdeckte. Doch hat dieses Nicht-wis-
sen-wohin vor dem Unsichtbaren in der Pest den historischen Metaphernspender behalten. Es ist kein Zufall,

daß die ›Verpestung‹ eine Funktion für immer neue Besetzungen geblieben ist und die korrelate Angst die stärkste Legitimation dafür, ›überhaupt irgend etwas zu tun‹: Magie des Aktionismus, der als Ichreduktion immer noch die archaische Massenballung von Menschen zu bewirken vermag. Die Nicht-Iche, die nicht Zuschauer sein können, ›bestellen‹ sich via Fernsehen alle anderen als Zuschauer, zugleich sie darin diskriminierend und verhöhnend. Man braucht, was man nicht sein kann, um wenigstens dieses Nicht-sein-können, das ›Residuum der Weltvernichtung‹, zu *realisieren*.

Dem Entschwinden des Subjekts aus dem Raum in der Angst entspricht sein Verschwinden aus der Zeit in der Langeweile. Phänotypisch dort wie hier die Reglosigkeit, fast wie die Pantomimik des gebannten Zuschauers, dessen Mimikry als Selbstschutzverhalten. Als um die Jahrhundertwende im Deutschen Reichstag eine jener die Sachhingabe prätendierenden Debattenreden stattfand, ertönte lautes Gähnen und der Ruf: »Ist das langweilig!« Der Präsident ersuchte den Zwischenrufer, sich zwecks Austeilung einer Rüge zu melden, doch vergeblich. Der Stettiner Abgeordnete Heinrich Dohrn suchte zu entschärfen: »Herr Präsident, dieser Abgeordnete ist soeben wieder eingeschlafen.« Nun bekam der, der erklären wollte, was nicht sein durfte, den Ordnungsruf.[2] So unverzeihlich das Anekdotische ist, macht es doch auf ein Moment der Ichreduktion durch Langeweile aufmerksam: die Unbelangbarkeit des Zwangsschläfers. Er ist gefürchtet von allen Freunden des langwierig Guten und Schönen – und er fürchtet um sich

2 Klaus Dohrn, »Von Bürgern und Weltbürgern«, Pfullingen 1983, S. 91–93.

und für sich selber bei allen Liturgien, deren Heilsver-
mittlung in der pflichtgemäßen ›Wahrnehmung‹ des dem
Absoluten Geschuldeten besteht, und sei es in der bloßen Disziplin der Anwesenheit. Die Toten sind schuldlos, und die Langeweile ist eben insofern ›tödlich‹, als sie
schuldlos macht; doch kann man sich nicht entschuldi-
gend auf sie berufen, und erst recht kann dies kein anderer stellvertretend tun – und deshalb traf den Abgeordneten Dohrn der Ordnungsruf des Präsidenten zu
Recht. In seiner ästhetischen Fassung, die ihren authen-
tischen Absolutismus hat, scheitert der Zuschauer am
›Pensum‹ seines Genusses, insofern dieser unter der Bedingung der Zeit steht. Auch das wissenschaftliche Trai-
ning hat es mit der Langeweile zu tun: Behauptung der
Zuschauerposition bei Minimalisierung der Zeitdifferen-
zierung.

Die Nulldatumchronologie und die Polarisierung der Weltansichten

Sollte die Jahrtausendwende uns vorenthalten, was doch schon im bescheideneren Rahmen von Jahrhundertwenden erwartet wurde, im Chiliasmus der bisher einzigen Jahrtausendwende in fürchterliche Urständ' ausgebrochen war, dann würde die Tiefe der Enttäuschung – der Rückblick auf ein *Als wäre nichts gewesen* – kein geringeres Risiko mit sich bringen, als es die Erfüllung großer Verheißungen heranführt.

Schlimm genug ist schon, wie es vor einem Jahrhundert war, daß das ausgehende und abtretende Säkulum nicht mehr recht zählt, alles in die Obsoleszenz verweist, was seine Datierungen trägt. Das war eben noch 19. Jahrhundert, dachten sogar Autoren und Verleger, die sich scheuten, ihre Werke auf »1899« zu datieren, und es schon fast für den Triumph ›ihrer Sache‹ hielten, daß sie mit dem Signum »1900« auf die Mit- und Nachwelt kam.

Das wäre sicher überschätzt, wenn man es »Zahlenmystik« nennen wollte oder sogar den Verdacht bewußter »Magie« damit in Zusammenhang brächte. Gastgeber, die sich den Zufall einer Dreizehnertischrunde fernhalten wollen und sich sogar des als professionell anerkannten »Quatorzième« bedienen, sind nicht allein dadurch des Aberglaubens verdächtig; sie halten nur für möglich, daß die leichtfertige Erwähnung des Zahlenumstandes durch einen um Erheiterung bemühten Frohsinnsmenschen bei dessen Gegentyp Mißstimmung und mühsam verhehlte Unterstellung von Rücksichtslosigkeit gegen die Opfer eines ›Weltgesetzes‹ aufkommen lassen könnte. Jeder will die Vorurteile hinter sich gelassen haben – aber schon die Benennung der *praeiudicia* verschärft ein Unbehagen zur Bestimmtheit, die es nicht haben muß, um dennoch das Licht der Vernunft zu verdunkeln. Als »Urteil« genommen, wäre man sich zu schade dafür; doch ist eben nicht alles »Urteil«, was die Gemüter stimmt und deshalb »Stimmung« noch heißen kann, wenn man am Ende des Jahrhunderts der Lösung aller »Welträtsel« steht. Die Siege der Vernunft und der sie entfaltenden Wissenschaften sind – das hatte schon das ausgehende 18. Jahrhundert den Bilanzierern seiner Errungenschaften klargemacht (einigen, wie Lichtenberg, an der Selbstspaltung in Aufgeklärtheit und Hintergrundverdacht) – nicht die Faktoren der Zeitstimmungen.

Wenn nichts Ärgeres passiert, trägt der auch aus der persönlichen Lebensphrasierung geläufige Nulldatenwahn dazu bei, die Gemengelage der Weltansichten schärfer zu konturieren. Die einen halten für überwunden, was zurückliegt und Daten des Verblassens trägt; die anderen halten für risikoreich und bedenklich, was bevorsteht. Das Maß an Unentschiedenheit, mit dem man sonst zu leben hat, reduziert sich durch einen Vorgang, den man »Thematisierung« nennen kann und zu dessen Bekanntheitsgrad die Demoskopie beigetragen hat. Man lebt in der Bereitschaft, eine Meinung zu haben; je größer die Fragen, um so unvermeidlicher die Meinung. Und nun alles das, was zu einer Jahrtausendwende gefragt, gemeint und publiziert werden kann!

Wobei es nichts zu lachen gab

Gott ist Ursprung seiner selbst. Dieser Satz von der *causa sui ipsius* erklärt uns nicht, daß Gott existiert, da wir ihn als Ursprung von etwas überhaupt nur denken können, wenn er schon da ist. Wohl aber bedeutet der Satz etwas im Hinblick auf die Möglichkeit, daß er aufhören können muß, sein Dasein zu wollen und darin zu beharren. Er würde sich nicht mehr wollen, und im selben Moment wie eben dadurch wäre er nicht mehr. Daß dies in jenem Prinzip von der *causa sui* ausgeschlossen sein soll, wird durch einen Zusatz (*corollarium*) versichert, er sei reine und unbedingte Glückseligkeit. Er wäre dann eine *causa sui*, für die es keinen Grund geben könnte, sich nicht zu wollen; und zugleich wäre auch begriffen, weshalb Gott so gern sein wollte, da er es als *causa sui* doch konnte. Dabei liegt im Begriff einer solchen doch nur, daß die Existenz je den Faktor ausschließt, der ihrem Glück *entgegenstünde*, es aber eines zusätzlichen Faktors bedarf, um solche Glückseligkeit erst herzustellen oder zu vollenden.

Es ist sehr die Frage, ob es einen zwingenden Zusammenhang zwischen der Selbstursächlichkeit (*autogennēton*) und Glücksvollkommenheit gibt. Im Begriff der *causa sui* liegt zunächst doch nur, überhaupt aus sich selbst dasein zu können, also dies auch als Risiko einzugehen, was immer bedeutet, dann zu sehen, wessen es bedarf, um auch glückselig zu existieren. Wobei behilflich ist, daß eine *causa sui ipsius* zweifellos und *a fortiori* auch *causa omnium aliorum* muß sein können. Dieses Wesen, existent kraft seiner selbst, kann sich auch die

Bedingungen erfüllen, von denen es, zu seiner *felicitas perpetua* abhängig zu sein, sicher ist. Doch führt eben dieses Sichersein eine weitere Bedingung ein, die mit der Selbstursächlichkeit nicht gegeben ist: die eines Wissens von *weiteren* Möglichkeiten, die über die nackte Existenz hinausgehen. Etwa der, diese Existenz mit anderen zu teilen, aus welchen Gründen immer: etwa distributive Gerechtigkeit, Geselligkeitsbedürfnis, Ruhmbegierde, Genuß am freien Spiel der Kräfte. Hinter dem Versuch, es aufs Unbekannte ankommen zu lassen, könnte immer der Vorbehalt stehen, im äußersten Fall des Mißglückens der Glückszurüstungen sich kraft der Selbstursprünglichkeit aus der Existenz zurückzunehmen. Das Risiko des Absoluten kann derart nicht absolut werden. Doch wäre es wiederum nur eine halbe und der Urheberschaft unwürdige Sache, ginge es nicht an die Grenze des ihm Möglichen, aufs Äußerste also.

Aufs Äußerste, um bei dieser Formel zu bleiben, ist die *causa sui* wohl noch nicht mit den Engeln gegangen. Als Luzifer rebellierte, war es einem anderen namens Wer-ist-wie-Gott mühelos möglich, ihn zu stürzen. Der Herr, der Umscharte, trat nicht auf den Plan. Diese ›Geringfügigkeit‹ muß ihn zu Gewagterem angetrieben haben: sein Ebenbild und seine Gleichheit zu schaffen. Seinesgleichen, das war, wofür es keinen Abgrund gab, es hineinzustürzen, keinen Fuß, ihm den Kopf zu zertreten. Der Mensch, da gab es nichts zu lachen, wie im gnostischen Mythos, der den Demiurgen Jaldabaoth (JHWH) zum Menschenmacher machte. Da durfte freilich von höchster Zuschauerwarte her gelacht werden. *Anathema sit.*

Bis zum Äußersten zu gehen, mit dem Vorbehalt, sich

im äußersten Falle den Daseinsgrund abzusprechen, nach Rechtfertigung im Nicht-Dasein zu suchen, das enthielte das Paradox, es eben doch nicht auf sich genommen zu haben, an die Grenze des im Begriff der *causa sui* Gelegenen zu gehen. Was lag dem Ich-bin-der-Ich-bin an dem aufsässigen Engelfürsten? Er ließ ihn durch einen anderen Anführer seiner Heerscharen von seinem Angesicht weisen, und nichts von der Andeutung auch nur steckt in dem Mythos, dies sei ein Versagen dessen schon gewesen, der sich solchen Äonengesellen gegeben oder verschafft hatte. Dieses Stück ›Vorgeschichte‹ diente doch denen, die es erfanden oder gebrauchten, vor allem dazu, dem Menschen zu versichern, daß es mit ihm eine ganz andere, die Gottheit im Tiefsten betreffende Bewandtnis haben müsse. Mochte in der Fabel des Hyginus der Mensch das jämmerliche Geschöpf der *Cura*, der Sorge, sein, so war er vor dem Hintergrund des durch die Fürstenrebellion ungerührten Herrn der Heerscharen dessen ›Sorge‹ selbst und im unüberbietbaren Sinn. Was das bedeuten konnte und was daraus folgte, wenn es so war, mußte als eine ›Geschichte‹ erzählt werden, die dann, in einem ihrer Aspekte, sich als *die* Geschichte hypostasierte.

Der Begriff der *causa sui* bedeutet philosophisch nicht mehr, als daß Gottes Existenz notwendig sei und daher keiner Ursache bedürfe. Aber diese negative Funktion des Paradoxes ist unbefriedigend, weil sie offenläßt, Gott könne aus seiner schieren Notwendigkeit heraus auch gegen seinen Willen existieren, so wie die menschliche Selbsterfahrung der Faktizität erweist, daß es ein fundamentales Ärgernis jedes einzelnen ist oder sein könnte, gar sein müßte, daß er nicht gefragt worden sei in dieser wichtigsten Sache seiner Selbstbestimmung. Die Existenzphilosophie hat dem abzuhelfen gesucht, indem sie jeden zum Produkt seiner Freiheit deklarierte: Existenz heißt, *causa sui ipsius* zu sein. Doch wird nur zur Würde erhoben, was in Wirklichkeit Verzicht, Hinnahme des Unvermeidlichen ist. Fragen abzuschneiden, das ist die Funktion solcher ›Letztbegründungen‹. Warum schuf Gott den Himmel und die Erde, läßt Augustin fragen und antwortet: *Quia voluit* – Weil er wollte. Die nächstfällige Frage: Warum gibt es überhaupt Gott? hat er nicht gestellt, aber darauf nur dieselbe Antwort geben können: Weil er wollte. Es ist dieselbe Antwort, die außerhalb des Rationalismus auf die Frage nach der Verbindlichkeit des Sittengesetzes gegeben werden mußte: Es ist Erfüllung des Göttlichen Willens – deshalb war die Thora vor der Welt da. Die *causa sui* ist mehr als das *ens necessarium*, denn sie bedeutet, daß Gott für sich und seine Folgen verantwortlich ist. Deshalb auch hat Augustin bei seinem Versuch einer *analogia trinitatis* – einer Befolgung neuplatonischer Rezepte – in dem Ternar *memoria – ratio – voluntas* nicht die Vernunft dem Vater gleichgestellt, das wäre widerbiblisch gewesen, denn der Sohn ist der *Logos*, aber der Vater ist die Treue zur Identität seiner Geschichte als *Memoria*: er weiß, wie es zu ihm und zu allem anderen gekommen ist. Als Vater-*Memoria* ist er der Gott der Verträge, der Vertragstreue, der die anderen an das erinnert, was sie ihm schulden.

Vom Vorsprung, den der Schuldmythos gewährt, schuldfähig zu sein

Wie wird Schuld zum Mythos?

Vierzig Jahre und mehr als drei Generationen danach sind die Deutschen demonstrativ befaßt mit ihrer Schuld. Ihrem Schuldmythos – denn wer wollte behaupten, hier werde noch mit einer Realität umgegangen?

Der Mythos hat den Vorteil, einen Vorsprung zu gewähren. Es geht nicht um Schuld, sondern um Schuldfähigkeit. Wir bringen es fertig, die Vergangenheit nicht durch Vergessen zu erledigen, sondern durch Erweckung. Dadurch sind wir ausgezeichnet als die, die nicht verdrängen, die ihre ›Trauerarbeit‹ leisten – oder wenigstens leisten lassen durch solche, die dann wieder von dieser Arbeit leben, wie andere Leute auch von ihrer Arbeit leben. Das ist der Vorteil von Arbeit: sie kann geteilt, sie kann delegiert werden, weil sich davon leben läßt. Sonst würde es keiner annehmen.

In Wirklichkeit ist da nichts zu bewältigen. Es gibt keine Bewältigung von Vergangenheit, nicht irgendeiner. Und man bewältigt auch nicht, wenn man sich den Vorsprung einer Unschuld zweiten Grades zu verschaffen sucht, die nie eine genuine, sondern umwegige durch Entschuldung ist.

Tabu muß daher sein, daß irgendeiner sich auf eine Unschuld ersten Grades beruft. Die Formel, man habe von all dem nichts gewußt, ist unabhängig von jeder ohnehin dubiosen Nachprüfbarkeit, ob es das denn gegeben haben kann, unzulässig, Verstoß gegen den Zeitgeist. Niemand kann sich leisten, unschuldig gewesen zu sein. Er störte das Konzept.

Die Zustimmung dazu, es gebe keine Kollektivschuld – eine der mühseligen Errungenschaften gegen die Selbstanklagen nach dem Ende Hitlers –, hat den Preis des Verbots für jedermann, von sich zu sagen und für sich zu beanspruchen, er jedenfalls sei schuldlos. Es ist eine optische Täuschung zu meinen, dies könne doch auch keiner sein. Wer es nur denkt, ist es schon; denn moralisch gibt es keine objektiv feststellbare Schuld. Die meisten sind wohl nicht mehr schuldig geworden, als man allgemein im Leben an den Dingen zu werden pflegt, die sich nicht als ›Entscheidungen‹ präsentieren und denen man nicht geradezu in den Arm fallen muß, um sich zu entlasten, dabeigewesen zu sein.

Nutznießer aller Scheußlichkeiten, die in der Geschichte vorgefallen sind, sind wir Lebenden allemal allein dadurch, daß wir die Nachkommen der Überlebenden sind, die wohl die Stärkeren, wohl die Rücksichtsloseren, wohl die ›Schuldigen‹ gewesen sind und ihre Nachkommen zu Nutznießern ihrer Daseinskraft machten. In der Seinsgrundfrage ist Schuld impliziert, wenn man das jeweilige Endglied einer ›Evolution‹ ist. Die ›Weltordnung‹ gönnt uns nicht, uns als Abkömmlinge der Schuldlosen begünstigt zu wissen. Wer überhaupt da ist, verdankt das denen, die noch dageblieben waren, als es die anderen nicht schafften.

Eine Schulidentitätskrise

Stifter der Neuen Akademie in Athen war Lakydes, geboren etwa 240 v. Chr. Er begann erst spät, sich mit Geometrie zu beschäftigen, und man kann sich denken, daß dies bei einem Manne, der Platos Erbe zu erneuern und zu verwalten beanspruchte, Befremden auslöste. Denn über dem Eingang der Akademie stand der Spruch, den Plato selbst dort hatte anbringen lassen, es dürfe niemand ohne Kenntnis der Geometrie hier Zutritt haben.

Bei Diogenes Laertius überliefert ist der Wortwechsel mit einem, der dem Lakydes zum Vorwurf machte, erst im Alter zur Geometrie gefunden zu haben. Mit einem der eigentümlichsten Ausdrücke des Griechischen, dem vom *kairós*, der die Gunst der Zeit dem Wesen des Kosmos zuschlägt, fragt der anonyme Anfechter: *Erst jetzt?* Lakydes darauf: *Warum nicht ›Schon jetzt‹?*[1]

Die Finesse der Anekdote liegt darin, daß sie die Unterlassung oder deren äußeren Anschein, von dem der Tadler ausgeht, in eine Zurückhaltung des Respekts verwandelt. Der Erneuerer der Akademie hat aus Ehrfurcht vor ihrem Stifter gezögert, dessen Bedingung als leichtesterfüllbare erscheinen zu lassen. Es war viel Zeit vergangen seit Plato, weit mehr als ein Jahrhundert, und einer, der ganz gegen die Neuerungssucht der Zeit nicht seine eigene Schule begründet, statt dessen die eines anderen aus dem Verfall herauszieht, darf auch zögern, die großen Gebote der Gründervergangenheit hinsichtlich

1 Diogenes Laertius IV,60.

ihrer Erfüllbarkeit der Unterstellung werbenden Effekts auszusetzen.

Lakydes hatte die Schwere der Zutrittsbedingung sichtbar gemacht. Er hatte gezögert, sie selbst zu erfüllen, um die Billigkeit der Erfüllung leichthändigen Bewerbern bedenklich werden zu lassen. Zugleich damit aber hatte er ein Hauptstück platonischer Lehre mißachtet: er hatte die *Anamnesis* der Aufmerksamkeit entzogen, in der Praxis ihr widersprochen.

Die relativ zum Ganzen seiner Wirkung noch kurze Geschichte des Platonismus hatte vergessen lassen, daß der platonische Sokrates einem Knaben aus fremdem Land den Besitz der Geometrie zu entlocken vermochte. So geht es seither mit den Schulen: was vor einem Jahrhundert noch die Schulknaben vorzuweisen hatten, gibt wenige Generationen später ergrauter Gelehrsamkeit die Aura eingelebten Könnens.

Das Beschreibliche und das
Unbeschreibliche

Als es nichts zu sehen gab

»Weitergehen! Nicht stehenbleiben! Gehen Sie doch bitte weiter. Es gibt hier nichts zu sehen.«

Das war die Untertreibung. Der Mann in der vertrauten Form des ›Schutzmannes‹ sah tatsächlich nichts. Er stand mit dem Rücken zur blakenden Ruine und hielt den Passantenstrom flüssig. Auftragsgemäß verhinderte er, was man in unpassender Analogie zu einem Produkt von Küche und Herd einen ›Auflauf‹ nannte. Es würde dem Mann und denen, die er am Stehenbleiben hinderte, das fernere Leben erleichtern, daß es keinen Auflauf gegeben hatte, daß man nicht Zuschauer geworden war.

Der Mann hieß ›Schutzmann‹, und man konnte ihn nach einer Straße fragen oder auch nach der Uhrzeit. Er und seinesgleichen standen auf Plätzen und an Straßenecken zumeist herum, einige ›regelten‹ den Verkehr. Des Deutschen liebste Vokabel war in seine bleibende Benennung eingegangen: er war zuständig für alle Arten von ›Schutz‹. Er schützte die einen vor den anderen und umgekehrt, zuweilen auch einen vor sich selbst.

Dabei war längst das Vertrauenskapital, das der ›Schutzmann‹ mit diesem Bestandteil seiner Bezeichnung angesammelt hatte, mißbraucht worden. Angefangen hatte es mit einem »Gesetz zum Schutze von Volk und Staat«. Leuchtete das nicht jedermann ein, daß der ›Schutz‹ gesetzlich sanktioniert werden mußte? Und dann wurde immer mehr ›geschützt‹, dazu noch: immer mehr vor immer denselben. Das Blut und die Ehre und der Wald . . . Der vertraute Schutzmann betrat die Häuser, statt an den Ecken zu stehen. Aufläufe waren nicht zu verhindern, sie kamen nach Plan und Geheiß zustande. Bestellte Zuschauer – die nicht zusahen, wo ›etwas los‹ war, sondern wo ihnen etwas demonstriert wurde. Das Zeigen ging dem Zuschauen voraus – eine fatale Kopplung zu dessen langwieriger Diskriminierung.

Merkwürdig ist nur eins: die Vokabel ›Schutz‹ büßte ihre deutsche Faszination niemals ein. Es würde den ›Schutzmann‹ nicht mehr geben, dafür ein Volk von ›Schützern‹. Jeder konnte sich aussuchen, was er schützen wollte. Was er brauchte, war nur ein Institut, das ihm ›wissenschaftlich‹ bescheinigte, es sei ›schutzbedürftig‹, was er schützen wollte. Und er brauchte ein Publikum, das ihm beim Schützen zusah. Nirgendwo wurde mehr gesagt: »Es gibt nichts zu sehen.« Zu viele hätten ihren Zweck verfehlt ...

Für wen einer schreibt

Für alle möchte jeder schreiben, der schreibt. Aber für viele, für alle etwas zu wollen, ist eine Phrase. Irgendwann wird man feststellen, daß einer, der nichts für niemand als für sich selbst gewollt hatte, in der Nebenfolge etwas für viele zu geben vermochte. Man kann der Menschheit nicht dienen – allenfalls gedient haben.

Nietzsche hat in einem Brief an Erwin Rohde vom 15. Juli 1882 so knapp wie offen ausgesprochen, für wen er schreibe: *Mihi ipsi scripsi.*

Erst wieder 1886, im zweiten Band von »Menschliches, Allzumenschliches«, verdeutlicht er, was damals gegenüber Rohde gemeint gewesen sein konnte. Es steht auch hier unter dem lateinischen Stichwort des schreibenden Selbstbezugs: *Sibi scribere.* Dazu heißt es: *Der vernünftige Autor schreibt für keine andere Nachwelt als für seine eigene, das heißt für sein Alter, um auch dann noch an sich Freude haben zu können.*

Nun beginnt man zu begreifen, daß Sokrates nichts geschrieben hatte. Folgt man den hellsichtigen Vordeutungen, die Plato seinen Helden auf die Art seines Todes haben und machen läßt, so hätte er im Lichte des Nietzscheworts nichts geschrieben, weil er kein Alter haben würde.

Das ist keineswegs die Folgerung, die ohne Nietzsches Zynismus der empfohlenen Selbstbezogenheit von Plato nahegelegt worden wäre. Eher müßte man sagen: Sokrates schreibt nichts, weil er an Plato dachte, der alles von ihm schreiben würde. Wollte dieser es so gesehen wissen?

Dialoge können nicht geschrieben, allenfalls nachgeschrieben werden, wie fiktiv auch immer. An der sokratischen Verweigerung des Schreibens rechtfertigt Plato den sokratischen Dialog: So viel darf eben nur schreiben, wer Sokrates reden läßt.

Nietzsche schrieb für sich selbst. Dadurch wird noch nicht zum Paradox, daß der »Zarathustra« im Tornister der Freiwilligen von Langemarck neben dem »Faust« steckte. Ob er Trost oder Verführung war, wird nicht dadurch entschieden, daß Nietzsche ihn für diesen Platz und diese Stunde nicht bestimmt hätte. Es gibt darauf keine Antwort. Der Todeswunsch von Eliten, der auf dem flandrischen Schlachtfeld seine einmalige Orgie feierte, sucht sich seit je seine Allegorien, wenn er stark genug geworden ist. Und immer wieder wird er sie finden. Noch 1968 wäre mancher für das »Kapital« von Marx gestorben – nur zufällig fand sich niemand, der dazu die Gelegenheit verschaffte. So sehr war man gerade auch nicht dagegen.

Am erstaunlichsten ist, daß niemand verstanden zu haben braucht, was für ihn nicht geschrieben worden ist. Was Nietzsche für sich selbst geschrieben hatte, bekam gerade dadurch die Weihe der Exklusivität. Die Ausgeschlossenen wollten, wenn sie schon nicht verstehen durften, wenigstens dafür sterben.

Die Fiktion des ersten Menschen und des letzten

Es war Husserls Schwäche, daß er sich als der erste Mensch vorkam, der einige Fragen der Philosophie ernsthaft und radikal genug stellte. Er konnte das nur so beanspruchen, weil seine Kenntnis der Geschichte des Denkens minimal, ja noch deutlicher: stolz aufs Fast-Nichts war.

Daraus ergab sich das gelegentlich peinliche Amalgam von Radikalität und Ridikülität, das auf anderen Gebieten menschlichen Verhaltens, zumal Forschens und Wissens, so selten nicht ist. Sich als den ersten Menschen zu *fingieren*, der alles sieht wie am ersten Tage, ist nicht nur zulässig, es ist so etwas wie eine theoretische, auch eine ästhetische Tugend – nur keine moralische. Es ist eine unerreichbare und doch in Annäherungen zu suchende Einstellung, mit der die Kontingenz der Geschichte – also nicht nur: die Existenz der Welt – in die Reduktion gezogen werden soll. Nur daß beide ›Skandale‹ der Situation des Denkens nicht so leicht, wie es sich befehlen läßt, der Exklusion unterliegen, um einerseits *das Wesentliche*, andererseits den *Blick des ersten Tages* freizugeben.

So hat Husserl denn auch in beiden Fällen, ohne das Scheitern der Reduktion deutlicher einzugestehen als mit dem Ausdruck ihrer unerwarteten Schwierigkeit, die mühsamste Form der ›Rettung‹ aus dem Schiffbruch gewählt und gefunden: Für die ›Existenz der Welt‹ hat er den Wesensnachweis ihrer Setzung als Notwendigkeit der transzendentalen Subjektivität mittels ihrer Intersubjektivierung geführt (oder, was der Systematik nach

gleich gilt, zu führen versucht); für die ›Kontingenz der
Geschichte‹ hat er anstelle eines dubiosen ersten Tages in
einer unbekannten Chronologie den ›Anfang des euro-
päischen Menschentums‹ bei den Griechen gewählt, um
daraus eine ›Wesensform‹ des Geschichtsganges abzulei-
ten, durch die es erlaubt und sogar verbindlich auferlegt
wurde, jenen ›ersten Tag‹ gleichsam ans Ende aller Tage
zu verlegen. Seine Idealität sollte die geschichtliche Stellung und therapeutische Aufgabe der Phänomenologie
für die Krisis der Wissenschaften *und* des Menschentums Wirklichkeit werden lassen.

Von hintenher, vom Ausgang rückwirkend, hat dieses
Schulprogramm der Philosophie die Geschichte ›verwe-
sentlicht‹, ihr das Odium des Faktischen genommen,
ihre ›Kontingenz‹ zum Schein des Unerkannten ihrer
Teleologie umgearbeitet. Es war dieser Handstreich der
spätesten Form des Husserlschen Denkens in der »Krisis«-Abhandlung (und dem, was sie vorbereitete), was
die peinlichen Unkenntnisse des bildungsunlustigen
Mathematikers ›hinterhältig‹ (und das heißt: ironisch)
rechtfertigte. Oder war es umgekehrt? War es jene fort-
bestehende Geschichtsunwilligkeit, die es so leicht erscheinen ließ, eine Geschichte in die Phänomenologie
einmünden und in ihr sich erfüllen zu lassen, die sich bei
genauerem ›Hinsehen‹ das niemals hätte gefallen lassen?
Immerhin hatte Husserl doch nur den Versuch mit noch
mehr Drüberwegsehen wiederholt, mit dem gerade der
Neukantianismus sich bloßgestellt hatte.

Die Phänomenologie hatte aus dem Auge verloren,
was die Anfänge ihres Programms ausgemacht hatte: daß
jede ihrer ›Maßnahmen‹ an der Einstellung des Philosophierens ein Stück *freie Variation* werden und bleiben

mußte – und das hieß doch, daß auch die *Reduktion* in jeder Erweiterung ihres Ausgreifens auf Weltexistenz und Geschichtskontingenz den Index der *Fiktion* behielt. Die Reduktion sollte die Existenz der Welt nicht leugnen, sondern nur von ihr absehen. Und das noch ohne Kenntnis von der Möglichkeit, sie auf dem höheren Niveau der ›Verwesentlichung‹ durch Intersubjektivität zurückzugewinnen – nicht nur aus der fiktiven Klammer zu entlassen.

Wer Husserls »Krisis«-Spätwerk für überflüssig, für gefährlich abseitig von der Zeitbedrängnis, für gar gespenstisch illusionär hält, übersieht, daß es nur für die *Geschichtskontingenz* nachholt, was im Jahrzehnt zuvor für die *Weltexistenz* mit der fünften der »Cartesischen Meditationen« vollzogen worden war. Beide Umbauten des Reduktionsprinzips waren, so wird man es auch sehen müssen, Anstrengungen zur Vermeidung einer von Husserl als bedrohlich empfundenen Gefahr: der des Anthropologismus. Seinem Aufkommen in der eigenen Schule – oder zumindest in deren mißbrauchtem Namen – glaubte Husserl zu entkommen und konnte das für möglich, wenn nicht gar gelungen halten, weil er eine der Folgerungen des Einbezugs der Intersubjektivität in diese Anstrengung nicht wahrzunehmen schien oder nicht wahrzuhaben vermochte: Intersubjektivität als transzendental begründete Unerläßlichkeit gab es nur um das Zugeständnis der Leibgleichheit der Subjekte – und diese hatte ihre Bedingungen der ›Reproduktion‹ solcher Gleichheit in einem Bezugsrahmen, der insgeheim eben nichts anderes als ein *anthropologischer* war.

War Anthropologie derart auf dem weitesten aller denkbaren Umwege das Ende der phänomenologischen

Reduktion, so bekam die theoretische Unbefangenheit des normativen Standards *Wie der erste Mensch!* einen fatalen Rückhalt, der in der Gleichsetzung – oder sogar Gleichgültigkeit – des ersten mit dem letzten Menschen bestand, sofern die Phänomenologie als Herstellung der Identität von Anfang und Ende der Geschichte auf solche ›Endgültigkeit‹ als ihr Rettungsangebot in der ›Krisis‹ zielte. Um den ersten Menschen zu *fingieren*, darf man es nicht *sein*; doch unversehens wird mit dem, was man dadurch zu *werden* hat, der Typus des *letzten Menschen* als des Subjekts einer wenn nicht zeitlosen, so doch zeitgleichgültigen *unendlichen Arbeit* inauguriert. Es ist ein imaginäres Zusammenschnurren der Geschichte zu dem Nichts, als das sie geachtet oder mißachtet werden muß, wenn sie *ihren Zweck* erfüllt hat, das Subjekt der Theorie als *reiner Wesensanschauung* hervorzubringen. Der Geschichtsverächter hätte nur vorweggenommen, was ihm durch seine finale Bedeutungslosigkeit ohnehin an Ersparnis zufallen sollte.

Die Suggestion des beinahe Selbstgekonnten

Der Erfolg einer Philosophie müßte davon abhängen, daß ihre Sätze dem Leser das Bewußtsein verschaffen und lassen, er hätte sie oder so ähnliche auch jederzeit selbst finden und schreiben können.

Man kann das mit ein wenig Leichtfertigkeit die Qualität der Parodierbarkeit nennen. Auch sie kann allerdings Illusion sein, wenn das Moment des Nachahmbaren bloße Manier ist. Dann gibt es nicht nur die, die das *auch* können, sondern sogar die, die gar *nicht anders* können.

Es bestätigt sich nicht auf den ersten Blick, daß Goethes Affinität zu Spinoza darauf beruht haben könnte, er wäre sich ganz sicher gewesen, solche Sätze jederzeit produzieren zu können. Zumindest in *einem* Fall hat er es getan und wohl auch das Erzeugungsprinzip des Spinozasatztypus erfaßt: als er mit Riemer Sätze nach Art des Zincgräf am laufenden Band bildete, darunter als dauer- wie rätselhaftesten das *Nihil contra deum nisi deus ipse*.

Keiner hat Adorno verstanden, aber alle haben nach wenigen Seiten kapiert, wie man es macht. Manierismen liefern Erfolg im Maße ihres Aufreizens zur Parodie – und das sieht dann aus wie die gelungene Rezeption.

Nun gehören diese Erscheinungen in die Pathologie der Rezeption wie überhaupt der Philosophie, haben aber eben darin eine gewisse Rechtfertigung. Denn die ›dargestellte‹ Rezeption vertritt doch das formale Prinzip der gelingenden. Der philosophische Satz des Typus, den ich meine, ist dem Sachverständnis seines Lesers

zwar voraus – sonst würde er ihn nur mit Trivialitäten
langweilen –, aber doch nur um *einen* Schritt, einen
möglichst kleinen sogar. Hier kommt es auf die reelle
Einholbarkeit des Vorsprungs an. Sie darf sich als die
Suggestion gebärden, man hätte es *fast* selber gekonnt.
Und der Ärger ist erlaubt, dennoch nicht schon draufge-
kommen zu sein.

Aber plausibel ist das alles nur, wenn sich der Einwand beheben läßt, so sei doch Philosophie immer und
überall. Deshalb zwei Gegenbeispiele.

Kant ist schlechthin nicht parodierbar. Das liegt an
seinen Schulbedingtheiten, an seiner gewollten ›scchola-
stischen‹ Umständlichkeit; aber auch an der Nichtwie-
derherstellbarkeit der Bedingungen, unter denen seine
Grundprobleme entstanden waren. Wir müssen ja Kant
nicht deshalb so gründlich zu verstehen suchen, weil wir
seine Probleme *haben*, sondern weil unsere Probleme
ohne den Durchgang durch seine Lösungen nicht dieselben *wären*. Selbst unter seinen Jüngern – soweit sie nicht
zu originalitätssüchtig waren, um es nur selber zu *können* – wie unter seinen Erneuerern ein Jahrhundert später hat es keiner versucht, ›wie Kant zu schreiben‹. Auf
Induktion von Epigonen war er nicht eingerichtet.

Husserl zu parodieren und sich dadurch als legitimen
Anwender der Phänomenologie auszuweisen, ist unmöglich. In einem gewissen Sinne gilt, daß seine Sprache
seine Philosophie gar nicht enthält. Sie liefert die Rezep-
tur, sich etwas zu verschaffen, was in seinen Sätzen – und
schon gar in denen seiner veröffentlichten Werke – nicht
vorkommt. Das ist auch immanent ganz stimmig mit
seinem Programm. Das Verhältnis von Anschauung und
Beschreibung – beides ›Idealbegriffe‹ dieses Philoso-

phierens – ist keines der Kongruenz. Die Subtilität der Beschreibung ist einstellbar wie eine Optik. Vollständigkeit der Beschreibung ist trotz der Selbstgegebenheit der Anschauung nicht möglich, weil die Sprache ihr *Raster* hat, das keineswegs für den Dienst an dieser Art von Gegenständen geschaffen wurde. Sie leistet ihren Dienst auch nicht durch eine ›Umsetzung‹ von Anschauung in Beschreibung im Vollmaß des Möglichen, sondern im Maß der Ökonomie von Anweisungen, die Anschauung des Autors in der Rezeption rückzugewinnen und den Erfolg der Prozedur an seinen Kriterien zu überprüfen. Habe ich überhaupt die *gemeinte* Sache im Blick? Das Verhältnis von Produzent und Rezipient ist schon ein Fall von Intersubjektivität, noch bevor es überhaupt *an der Sache entlang* losgegangen ist; die Vorfrage, ob beide *dieselbe* Sache vor sich haben, ist eine intersubjektive Abstimmung. Ohne Sicherung der Identität des Gegenstandes läßt sich nicht anfangen und nichts anfangen.

Obwohl man also dem Autor Autorität einräumen muß, was die Wahl des Objekts und die Merkmale seiner wesentlichen Identifizierbarkeit angeht, und man ohne Nachvollzug nicht an die Linie kommen kann, wo es weitergeht, liegt doch alles an der Minimalisierung des Vorsprungs, den der Autor haben muß. Der Zusammenhang der Gewißheit, alles zu Sehende hätte man beinahe und alsbald selbst gesehen, darf nicht abreißen. Die Phänomenologie braucht Autorität und Egalität in gleicher Weise. Die Befriedigung, das Ganze in den Vorgriff zu bekommen, wird jedenfalls durch Parodierung von Stilmitteln nicht erreicht. Insofern ist diese Philosophie ungefällig.

Deshalb konvertierte man zu Heidegger. Der bot ein

Dorado für Parodierlust, und nur ganz wenige seiner
Schüler von feinstem Geschmack oder robustem Selbstbewußtsein haben sich freihalten können von der so na-
heliegenden Versuchung zu demonstrieren, man habe es
›begriffen‹. Die Untreue zu Husserl und die Treue zu
Heidegger als Lokalphänomene in Freiburg waren nicht
Zufälligkeiten des Ablaufs oder gar der Politik. Man
konnte Husserl gar nicht treu sein, weil es dafür keinen
Habitus gab, und man konnte Heidegger *nur* treu sein,
weil es ein anderes Verhältnis zu diesem Anspruch als
den ›Nachspruch‹ nicht gab. Das lag in der Sache: im
Absolutismus des *Seins* und im Abschattungssinn des
Wesens. Gadamer, der 1923 Husserl in Freiburg hörte,
als er schon Heideggers Schüler war, blieb gänzlich un-
berührt; und die anderen, die Husserls Schüler waren,
als Heidegger nach Freiburg als Nachfolger Husserls
kam, wurden verzaubert von der Größe der einen Frage,
deren Unbeantwortbarkeit doch keinem zweifelhaft sein
konnte. Danach hätte ich gern die Überlebenden gefragt,
die ich kannte. Aber es fehlte mir der Mut, es ihnen zu-
zumuten.

Wie man Zuschauer wird

Der Zuschauer ist definiert durch die Kunst, sich herauszuhalten. Deshalb genießt er die Anstrengungen der
dramatisch-szenischen Akteure, ihn hereinzuziehen: als
vergebliche. Gerade wenn ihm am meisten zugemutet
wird, befreit er sich durch den ›rettenden‹ Gedanken: Es
ist nur Theater. Es mag ihm erst im letzten aller gegebenen Augenblicke gelingen: wenn er das Theater verläßt.
Zuvor aber gibt es noch die andere Institution, die den
Zuschauer zum ›Herrn‹ der Vorführung und seiner
selbst macht: die mehr oder weniger frenetische Äußerung von Beifall oder Mißfallen.

Alles war nur um dieser Entscheidung, dieses Erwei-
ses von Gunst oder Mißgunst willen an Aufwand getrieben worden. Welche Absonderlichkeit, daß die Fürsten
wie die Sklaven des Dramas sich vor dem Zuschauer
verbeugen und ihm für sein Schiedsurteil danken. Immer noch, wie in seinen Anfängen, ist das Theater ein
Wettbewerb um einen Preis. Wenig hat sich dadurch
verändert, daß die ›Kritiker‹ eine angehobene Kompetenz beanspruchen, das Geschmacksurteil zu fällen;
diese Kompetenz ist ihnen von einem Publikum delegiert – wie dem gewählten Abgeordneten sein Mandat –, das einfach zu viel anderes zu tun hat, um sich
auch diese Mühe noch zu machen, auf dem Richtstuhl
zu sitzen. Doch ist der Kritiker vom Fach auf dem Par-
kettstuhl Nr. 27 noch einer, der seinerseits kritisiert
wird, weil er seinen Entscheid (akzessorisch) auch druk-
ken lassen muß, sofern er davon leben will. Sein Salär ist
das Erbe der Tagegelder, die die attische Polis ihren Bür-

gern dafür gewährte, daß sie im Theater dieses Amtes walteten, Zuschauer zu sein.

Diese Vorstellung des Zuschauers als dessen, der ›sich heraushält‹, kann nicht mit dem Einverständnis von Theoretikern der ästhetischen ›Erfahrung‹ rechnen. Sie idealisieren den Zuschauer zum eigentlichen Opfer der Tragödie: Er verfällt ihr mit Haut und Haaren, verwechselt Schein und Wirklichkeit, und es ist der pure äußerlichste ›Zufall‹, daß er aus dieser Verstrickung wieder herausfindet – er wird ›entlassen‹, weil man der Sache ein Ende gemacht hat wie einen Anfang. Aber nicht er ist es, der es sich nicht länger ›gefallen‹ läßt, so wie er gelernt hat, auf seinem Pausenanrecht mit Piccolo zu bestehen. Nur unter dem Vorwand des bloßen ›Vorabends‹ konnte Wagner ein einziges Mal im »Rheingold« die ›unendliche Melodie‹ zu ihrer Unendlichkeit und den Zuschauer um seine Pause kommen lassen. Wer das überstanden hat, darf sich als qualifiziert fürs Weitere nehmen: als einen, der sein Zuschauertum nur kurz unterbricht, weil Kunst und Natur, *technē* und *physis*, sich noch nie recht vertragen wollten – nun ist es am eigenen Leib zu ›erfahren‹.

Wäre aber dies ein ›Hindurchgehen‹ durch Mitleiden und Erschaudern, mit dem Aristoteles in seiner ebenso klassischen wie umstrittenen Definition die Wirkung der Tragödie als ›Reinigung‹ (*katharsis*) bestimmt hatte?

Das Stichwort *Katharsis* hat faszinierend auf eine Traditionswelt gewirkt, die immer genau zu wissen imstande war, wovon gereinigt zu werden das Mittel gesucht werden mußte. Was aber hatte Aristoteles gemeint, als er mit dem Durchgang des Zuschauers durch *eleos* und *phobos* die Befreiung von ›Erleidungen‹ (*pathēmata*) erwirkbar sah? Die Dimension ›derartiger‹ Zustände des Ausgeliefertseins – und das sind nicht nur die üblicherweise hier eintretenden ›Leidenschaften‹ – ist nicht metaphysisch. Beschrieben ist der Gewinn jener Distanz des Zuschauers, die ihn je nach Bedürfnis genußfähig oder unvoreingenommen macht – dieses führt ihn zum *bios theōrētikos*, jenes zum ästhetischen Vergnügen, zur gegenstandsgemäßen Lust (*oikeia hēdonē*). Die entscheidende Differenz ist, daß der Weltzuschauer (*kosmotheōros*) seinem Gegenstand nicht genauso die Aufmerksamkeit und Anerkennung versagen, den Rükken kehren kann, wie es dem Theaterzuschauer freisteht. Er kann dem Spiel seinen Ernst entziehen, um in seiner Welt alles andere als bloßer Zuschauer zu sein. Diese Differenz hat zu geringes Gewicht gehabt, um der Übermacht der Analogie nicht zu erliegen.

Doch selbst wenn die Müßigkeit des Zuschauers abgewertet wird gegen die Umtriebigkeit und Geschäftigkeit des aktiven Bürgers – wie es sich in Ciceros Rezeption der Griechenphilosophie reflektiert –, ist immer noch nicht erahnbar geworden, daß die Maßstäblichkeit des Weltdaseins zurückwirken könnte auf das ästhetische Zuschauertum. Dessen Distanz kam als Verweigerung gegen den dringlichsten und wesentlichen Anspruch, gegen die wahre Katharsisfunktion des Kunstwerks, nicht nur in Verruf, sondern unter das raffinierte Aufgebot immer schärferer Instrumente, dem Zuschauer seine Distanz zunichte zu machen.

Die Bretter, die die Welt *bedeuten*, sollten sie auch *sein*. Beleg: Nichts sollte den modernen Weltbürger so interessieren wie seine vormals verachteten Schauspieler und die neuen Großfiguren der Intendanten und Regisseure. Wie betulich erschien im Medienspiegel ein Mini-

sterwechsel im Vergleich mit einer Intendantenkrise.
Das In-der-Welt-sein des Zuschauers fand im Saale statt,
wenn diese Bezeichnung für die Theaterarchitektur noch
eine Relation haben sollte. Denn auch wer nicht hinein-
geht, wer sich heraushält, indem er sich auf derartiges
nicht einläßt, wird durch den Außenanblick architekto-
nischer Inventionen belehrt, daß in solchen Gehäusen
etwas ›geschieht‹. Hieße es noch »Katharsis«, wäre es jedenfalls nur noch eine Äquivokation.

Der Zuschauer, den Aristoteles mit seiner unerschöpf-
lichen Formel gemeint hatte, war ohne Hintergedanken
und Vorbehalt der Wunschadressat der szenischen Dra-
matik. Nur deshalb konnte die *Katharsis*, in der schlich-
testen Bedeutung, das Hintersichlassen der mythischen
Stoffe sein. Als der wirkliche Genuß kam hinterher –
nicht zugleich –, es sei alles nur die ›Technik‹ der Erzeugung von Erleidungen *gewesen*, mit denen man fertigge-
worden war, ohne ihnen zu verfallen. Die Welt war *nicht
mehr* so, wie der Mythos sie befunden hatte. *Katharsis*:
ein Aufatmen.

Aber *soll* es denn der Zuschauer sich gönnen dürfen
aufzuatmen? Der Zuschauer der Tragödie, von dem Aristoteles in der »Poetik« gesprochen hatte, geht durch die
Reinigung der mythischen Schrecknisse, die als Tragö-
dienstoffe verbindlich waren, um sich überhaupt *seiner*
Welt als einer ›zum Aufatmen‹ bewußt zu werden. Denn
es ist die Welt des gegen alle Götterwillkür siegreichen
und sogar selber zur ›konstitutionellen‹ Herrschaft ge-
reinigten – oder soll man sagen: gereiften – Kroniden
Zeus. Langher kommend vom Abgrund des Chaos, ist
durch blutige und listige Ablösung der Göttergeneratio-
nen endlich der *Kosmos* konstituiert und verbürgt. Der

angeschaute Vorgang auf der Szene war die Probe darauf, was als Verblendung und Verhängnis der rivalisierenden Götterschaft *nicht mehr* möglich sein sollte. Das Verstörende war gesteigert worden, um das Empfinden für das sonst nicht Auffällige an der ›Lebenswelt‹ der *Polis* zu verfeinern. Furcht und Mitleid fanden im Theater statt, weil es dazu in der gleichzeitigen Realität zu geringen Anlaß geben *sollte*. Es ist der Philosophengott, dem tragische Greuel zur Kontrastfolie dienen; darauf jedenfalls muß Aristoteles gezielt haben, dessen Metaphysik gar keinen weltlenkenden Gott mehr kannte, sondern nur den ›unbewegten Beweger‹ einer durch ihre ewige Beständigkeit aus sich selbst bewährten Welt, in der es nur am unteren Rande ein wenig Restwirrnisse gab. Dem Metaphysiker kam es auf dieses Sublunare wenig an – Sokrates hatte es nicht geschafft, die Philosophie vom Himmel herab zu holen und für die Menschen allein zu interessieren. Deshalb kann es die Tragödie beim Gewesenen ihrer mythischen Paradigmata bewenden lassen.

Es leuchtet ein, daß der Zuschauer der antiken Tragödie gerade durch Mitleid und Furcht auch *dem* Gott huldigt, der sich nach eigenen Tollheiten und Torheiten der Weltordnung unterworfen hatte und dadurch der *endgültige*, durch keine Rebellion mehr gefährdete Gott *geworden* war. Der christliche Gott kann dem Zuschauer seines Welt- und Heilswerkes eine *Katharsis* durch Furcht und Mitleid nicht mehr zugestehen. Die Jünger Jesu, die Zeugen seiner Worte und Werke, sind als Zeugen der Passion nicht zugelassen; ihre rechtzeitige Flucht bewahrt sie vor den ›Leidenschaften‹, mit denen sie nicht zurechtkommen würden. Sie schließen sich ein, um sich mit dem nackten Ende ihrer ›Hoffnungen‹ abzufinden. Die Entstehung des Christentums ist der Umweg um die Passion, mag auch Simon Petrus über seine Untreue bitterlich weinen. Das drohende *pathēma* des Mitleids kommt erst auf, als mit dem unmittelbar bevorstehenden Ende nicht mehr gerechnet werden kann und dem Heilsgut des ›Lebens‹ sich ein ewiges Unheil drastisch beizugesellen beginnt. Paulus bekommt seine (apokryphe) Hadesfahrt, sieht in den Abgrund der Verdammnis, hört die Seufzer und Schreie der Verworfenen. Paulus beklagt, daß sich ihrer keiner erbarmt. Er weint. Der Engel, der ihn geleitet, verweist ihm dreimal sein Mitleid. Aber der Bezug zur attischen Tragödie stellt sich wie von selbst her, nicht als Frage nach der Gerechtigkeit, sondern als Zweifel am Grund des Geborenseins: »Weshalb sind sie geboren worden?« Doch nun, da es zu spät ist und der Heilsplan vergeblich für diese, darf es kein Mitleid geben: »Warum weinst du? Bist du barmherziger als der Herr Gott?« Der Engel verweist dem Paulus die Tränen ein für allemal: Im Christentum wird es kein Mitleid mit den Verdammten geben, weil es ohne die Implikation der Anklage Gottes nicht abginge – und nicht ohne Störung der ›ewigen Seligkeit‹ der Erwählten, ließen sie nur ein einziges Mal den Blick abschweifen von ihrem Glücksbesitz in den Abgrund der davon Ausgeschlossenen. Die ›Seligen‹ sind am Ende ›reine‹ Zuschauer der allerstrengsten Gnadenwahl, sollte es nach den strengsten und deshalb eindrucksvollsten Theologen gehen. Aber auch der Dichter der »Divina Commedia«, der einen guten Teil des Weltgerichts vorwegnimmt und sich als den Zuschauer der daraus hervorgehenden Zuteilungen von Heil und Unheil wandern läßt, läßt keine Rührung zu; sie wäre schon im Ansatz Rebellion. Die Indifferenz des Zuschauers ist nicht das Resultat seiner *Katharsis*, sondern das Äquivalent seines absoluten Glaubens an den gerechten und barmherzigen Gott, der aber auch mit den Attributen *seiner* ›Reinheit‹, herstammend aus der Metaphysik, ein *deus absconditus*, der verborgene Gott der unergründlichen ›Ratschlüsse‹ bleibt.

So wird, angesichts des abgewiesenen ›theologischen Ärgernisses‹, der Zuschauer zum Ärgernis des aus der Weltverstrickung von dessen Position Ausgeschlossenen: des ›Schuldigen‹ im weitesten Sinne, der den Sünder nur noch als vagen Vorbegriff kennt. In die »Aufzeichnungen Angermanns« hat Hans Carossa 1936 an einer hochsensiblen Stelle, an der gerade von ›Verblendung‹ die Rede war nach dem Zerbrechen der königsblauen Tasse – also von der *atē* der alten Tragödie –, den Absatz über Dante eingeschoben, den man in »Geheimnisse des reifen Lebens« nicht zu erwarten wagt: *Darf man von Dante sagen, er sei in der Hölle gewesen?* Mit dieser Frage wird nicht nach der Strafe der Schuld gefragt, sondern nach dem Leiden an der Schuld selbst, die sich dem Leben als Erfüllung, als Glück präsentiert. Nein, Dante hat nichts von der Furcht empfunden, die nur der Schuldige kenne, denn Dante war sich des Heils danach so sicher, wie es noch der neuzeitliche Zuschauer der Geschichte sein wird, der ihrer Zukunft gewiß ist. Dante war *unverletzlicher Gast in der Landschaft der Schmerzen, war nur Betrachter der Qualen, die anderen zugefügt wurden, seines künftigen Sitzes unter den Seligen gewiß*. Sogar vom Erbarmen befreie ihn sein Führer Virgil: *»Fromm ist hier der, in dem das Mitleid tot ist«*, ruft

er ihm tadelnd zu, weil ihm einmal Tränen kommen, da
er die schreckliche Bestrafung des Teiresias erblickt.[1] Die
Heilsgewißheit des Zuschauers, als gegeben vorausgesetzt, schafft eine absolute Differenz; nur er selbst stellt
sich infrage, weder Welt noch Mitwelt. Auf seinen Beifall kommt es nicht an. Gerade deshalb wird er als Theoretiker zum Spezialisten der Ungenauigkeiten, die mit
der Qualität der Welt nichts mehr zu tun haben, deren
Vermessungstechniker er geworden ist. Als Subjekt muß
er sich von jeder ›Anteilnahme‹ befreien, das ist seine
Katharsis.

Im Begriff des Kosmos waren die Maßstäbe zu grob
gewesen, um sie durchzuhalten, weil die Regelmäßigkei-
ten sich untereinander veruneinigten – bis kein Kalender
und kein Himmelsstand mehr stimmten. Die Summie-
rung dieser Unstimmigkeiten war so etwas wie ein my-
thisches Rezidiv, das den Zuschauer auf den Verdacht
brachte, es werde ihm aus Willkür neue Mühsal zugemutet.

Da kommt es zu einem Punkt, an dem die alte Katharsis einen neuen Sinn erhält, der sich dadurch vom alten
abhebt, daß ›Reinigung‹ fortan den *Anfang* aller Qualifikation zum Zuschauer ausmacht. Wovon er gereinigt
werden muß, ist nicht mehr die Verstrickung in rohe Er-
leidung und Leidenschaft; es ist die subtilere Durchset-
zung mit dem Vorurteil. In der Theatermetaphorik heißt
das, er habe nicht mehr die schlichte Freiheit, einzutreten und wegzugehen, und vor allem nicht die Behaglichkeit, sich in der Weltmitte aufs günstigste plaziert zu
wissen. Er hat keine Wahl, weil seine Existenz davon ab-

1 Hans Carossa, »Sämtliche Werke«, Bd. 1, Frankfurt a. M. 1962, S. 575.

hängig geworden ist und immer mehr wird, sich dem
Offizium der Theorie nicht zu entziehen. Es ist noch
nicht die unendliche Melodie, doch folgt diese nur der
unendlichen Theorie als deren ästhetisches Pendant
nach. Es gibt nicht das Ende der Vorstellung, denn mit
dieser ›neuen Welt‹ ist kein Fertigwerden, keine *Katharsis am Ende*, kein entlastetes Aufatmen, um sich dem
Genuß des Weltprospekts zu überlassen, nachdem man
allen seinen Machinationen und Hinterhältigkeiten auf
die Schliche gekommen ist.

Die Welt, mit der wir es zu tun haben, ist eine unfertige Welt, theoretisch wie praktisch und sogar ästhetisch;
ihr Zuschauer wird dem Verdacht nicht entgehen, er sei
bloßer Nutznießer der Kunst, sich herauszuhalten. Die
Wissenschaftswelt ist in keiner ihrer Dimensionen ›fertig‹; es geht in ihr ums Überleben *durch* – nicht nur: *mit* –
Wissenschaft, wie viele auch so tun möchten, als glaubten sie es nicht. Sie können es, weil sich für eine begrenzte Zahl auch davon leben läßt, es nicht glauben zu
lassen. Dies ist der verkappte Zuschauertyp, der die Losung ausgibt, er sei *dabei* so praktisch wie kritisch – ein
Surrogat von *Katharsis*.

In einer Welt, von der und für die der Zuschauer sich
nicht reinigen zu können scheint, indem er die Ängste
ihrer Unfertigkeit wie Gefährdung durchleidet, hat die
Kunst des Sich-Heraushaltens alle Künste gegen sich –
verzweifelt stellt der bildende Künstler sich selber aus.
Für den Theoretiker bleibt nur der Kunstgriff, es der
Welt nicht abzunehmen, daß sie existiert. Er wird dabei,
nach der Manier des Idealismus, nur um Haaresbreite
der Gefahr entgehen, sie durch sich selbst existieren zu
lassen. Das zu vermeiden, ist die *absolute* Zuspitzung der

Kunst, sich herauszuhalten. Es ist die Funktion der von Edmund Husserl erfundenen ›phänomenologischen Reduktion‹.

Die ihm durch Franz Brentano vermittelte scholastische Differenz (*distinctio realis*) von Wesen und Existenz der Welt erlaubt – oder: legt sogar nahe – den methodischen Kunstgriff, von der Existenz abzusehen und dadurch die ›reine‹ Wesenheit anschaubar und beschreibbar zu machen. Wieder einmal philosophierte man in Wien gegen Preußen und seinen Königsberger Hauptdenker, der darauf bestanden hatte, Existenz sei kein reales Prädikat, folglich durch ihre ›Behandlung‹ nichts zu gewinnen oder zu verlieren. Es ist eigentümlich, daß damit nicht nur das Schicksal der alten Gottesbeweise entschieden war, sondern schon ein Jahrhundert im voraus der Phänomenologie das Recht zu ihrer ›Reduktion‹ bestritten worden war. Das blieb dem ins Preußische übergewechselten Philosophen *der Sache nach* nicht verborgen, sowenig er *dem Begriff nach* seinen Wesensschaugewinn ineins mit den Gottesbeweisen, die ihm nichts bedeuteten, aufs Spiel setzen mochte. Seine Konsequenz war, den Begriff der Existenz auf bedeutungstragende *Anschauung* zu bringen: auf die Selbstgewißheit der Existenz in cartesischer Manier *und* auf die lebensweltliche Weltgewißheit, in der die scholastische Differenz von *existentia* und *essentia* gar nicht ansetzen konnte.

Es war eine lebenslange Anstrengung, die Reduktion zu verteidigen; aber man sieht, daß in ihr und durch sie das Recht des Zuschauers verteidigt wurde, sich von der Welt und ihrer Qualität sowenig wie von seinen Verwicklungen ins Weltinteresse beirren zu lassen. Das entscheidend Neue liegt darin, daß diese *Katharsis* allem vorausgehen muß, was sich als anschauungswürdiger Gegenstand soll darbieten können. Wie in der Tragödie bei Aristoteles wird die Last der Welt übertrieben – doch nicht, um sie als dramatisch geballte abwerfen zu können, sondern um sie erst gar nicht auf sich zu nehmen. Deshalb ist das philosophische Subjekt bei vollendeter ›Reinigung‹ nach Husserls Formel das *Residuum der Weltvernichtung*, das nach Zuschauerart vor sich nur noch das Wesentliche ›erscheinen‹ läßt.

Die durch Reduktion ausgeschaltete Welt – als ›Natur‹ Gegenstand der positiven Wissenschaften – ist *nachtragend* im Wortsinn. Die Purifikation des Zuschauers ist mit den Titeln ›Methode‹ und ›Kunstgriff‹ verharmlost; sie ist, darin dem Reich ihrer Gegenstände äquivalent, eine *unendliche Aufgabe* des Lebens selbst, das sich im Begriff der ›Meditation‹ auf eine unfertige Zuständlichkeit einstellt. Dem Zuschauer wird Ruhe sowenig gegönnt wie seinen auf die Rotation der freien Abwandlung gezwungenen Gegenständen. Man meint, einen schon nicht mehr ›modernen‹ Regisseur am Werk zu sehen, der von *allen* alles verlangt – und für sein Kassendefizit die Pachulken verhöhnt. Doch darf die Dynamik des Zuschauers, die sich dem Ideal des einmaligen ›Abschaltens‹ der Welt in der Reduktion nicht fügen will – weil die ›Welt‹ etwas anderes ist als ein Gegenstand, von dem man simpel ›wegsehen‹ kann –, nicht verwechselt werden mit der viel späteren Schulkorrektur durch die ›Sorge‹, die uns *hat*, weil wir sie *sind* und sie alles Absehenwollen von ihr zum bloßen ›Begaffen‹ reduziert.

Wenn die Verwicklung des Zuschauers in ›die Welt‹ des ihm Sich-Zeigenden schwerer auflösbar ist, als die Norm des einen und einfachsten Aktes vorstellte, so

wird aus der vermeintlichen ›Weltvernichtung‹, deren
Residuum das absolut seiner Existenz gewisse Subjekt
sein sollte, die Arbeit an der ›Weltdistanz‹, die niemals
endgültig werden kann, aber die Analyse der Unreinig-
keiten voraussetzt, mit denen es die *Katharsis* noch zu
tun hat. Dem dient die Theorie der Lebenswelt, mit der
Husserl so spät und so verstört begonnen hatte. Sie ist
zweifellos definierbar als die Welt, die keine Zuschauer
hat, weder ›von außen‹ noch ›von innen‹. Sie ist für den,
der sich seiner Herkunft aus ihr und seiner nie abreißen-
den Abhängigkeit von ihr bewußt zu werden beginnt,
zugleich der Inbegriff aller Konstanten, die den Begriff
›Existenz‹ – als den unabhängig von jedem faktischen
Bewußtsein dieses Bestimmenden – dem Verdikt des
nichtrealen Prädikats entziehen. Die ganze Arbeit des
späten Husserl nach der Fünften Cartesianischen Meditation läßt sich als Überführung der *Reduktion* in eine
Destruktion umschreiben, bei der alles auf das Verfahren
ankommt, die *Bedeutung* des vormals bedeutungsleeren
Prädikats ›Existenz‹ zu erschließen. Nun muß man wissen, *wie* sich der Zuschauer freigemacht hat. Am grundlegenden Stellungswechsel der *Katharsis*, der Purifikation, zur Vorbedingung aller möglichen ›reinen‹ deskrip-
tiven Befunde hat sich nichts geändert – nur sieht es so
aus, als könnte aus der Introduktion das Ganze geworden sein. Der Zuschauer sieht sich selber zu, wie er es
wird.

Wem der Ausdruck ›Katharsis‹ zuviel antike Patina
hat oder auch asketische Mystik, wem die Zumutung einer dürftigen Klausur auf den Theoretiker zuzukom-
men scheint, dem mag die Metapher von ›Entstörung‹
der Reduktion plausibler vorkommen. Zwar muß die

Qualifikation des Subjekts zum Zuschauertum an allem Anfang stehen, doch durchzieht sie das theoretische ›Leben‹ in jedem seiner Akte für eben diesen, insofern ihm Weltreste spezifischer Art anhaften. Die Auseinandersetzung ist nie nur die mit dem Gegenstand, immer auch die mit den ›Bedingungen seiner Möglichkeit‹ als eines ›rein‹ gegebenen seiner Wesensart nach. Trotzdem bleibt, indem man sich das Unbehagen von Konnotationen erspart, vieles verbale Dienstbarkeit. Hatte schon Jacob Bernays sich mit der Ernüchterung wenig Freunde gemacht, die Katharsis in der Tragödienlehre des Aristoteles entspreche der Erleichterung eines im Verdauungstrakt Belasteten mit unerfreulichen Heilpraktiken (1857), so ist auch schon früh bei Husserl erschreckend deutlich, in welchem Maße er Selbsttherapie sucht und betreibt. Die 14 Jahre als Privatdozent in Halle, die Entstehungszeit der »Logischen Untersuchungen« vor der Jahrhundertwende, die Abkehr von der Bedrückung durch den Psychologismus als Scheinwissenschaftlichkeit beschreibt Husserl als Strecke der Qual: *So habe ich von Verzweiflung zu Verzweiflung, von Wiederaufraffen zu Wiederaufraffen fortgelebt.* Mit den »Logischen Untersuchungen« kam nicht nur der Durchbruch zur akademischen Reputation, nicht nur zu ›Halt und Hoffnung‹ in theoretischen Grundlagennöten – es kam mehr: *Mit ihnen habe ich mich selbst kuriert.* Man mag erschrecken, wenn man an die Gleichzeitigkeit mit Freuds fataler Selbstanalyse denkt; und man darf auch nicht übersehen, daß Breuer und Freud ihre Therapie mit der von Jacob Bernays erkannten absoluten Metapher als ›kathartische‹ Methode bezeichneten und die Beziehung in Wien, angesichts der Abwehr in der ›klassischen‹ Profession gegen die Banalität des Purgierens, gar nicht übersehen werden konnte. Viel wichtiger ist die durch den Selbstbedarf entstehende Legierung von Subjekt und Theorie, die aus dem Nicht-anders-leben-können aufkommende Gefährdung der ›Reinheit‹ selbst durch die Gewalttat ihrer Erlangung. Beide, Husserl wie Freud, wollten die Zurücknahme des ›Zuschauers‹ auf das Minimum seiner ›Einmischung‹, seine Reduktion zugunsten ihrer so unterschiedlichen ›Objekte‹; was sie erfahren und zugestehen mußten, war der gegenteilige Effekt, das Hereingezogenwerden in die unbewältigte Lebensweltlichkeit, in Übertragung und Gegenübertragung, in die *unendliche Aufgabe* wie in die *unendliche Analyse*. Was Husserl die *innere Selbsterhaltung* genannt hat, mißglückte hier wie dort.

Dem ›Zuschauer‹ der Erscheinungen des Bewußtseins, dem Phänomenologen, wird die Beschreibung dessen, was er ›sieht‹, der reinen oder aufs Reine tendenziell bezogenen Anschauung nicht nur zum ›Inhalt‹ eines (endlichen) Lebens, sondern durch die Unbestimmbarkeit der Endigung dieses Verfahrens – etwa: im klassischen Standard des ›Systems‹ – zum ›Lebensmittel‹, da das Leben seinerseits als ›Mittel‹ der unendlichen Aufgabe die Rechtfertigung einer sonst nur triebhaft angelegten Selbsterhaltung findet. Wenn der Begründer der Phänomenologie rückblickend (zum 70. Geburtstag 1929) dies in den Satz zusammenfaßt: *Ich mußte philosophieren, sonst konnte ich in dieser Welt nicht leben*, ist das eine Pathosformel, die sich die sonst für alles geforderte Rechtfertigung erspart und sich nicht an die Allgemeingültigkeit herantraut, auch in *jeder* anderen der nach freier Variation etwa möglichen Welten wäre das so gewesen, weil nicht Zustand oder Qualität *dieser* faktischen Welt gerade *diese* Einstellung der Theorie erforderten. Es ist das Wesentliche, nicht das Faktische, das sich der Anschauung würdig macht und den Zuschauer notwendig. Das ist erst im letzten Jahrzehnt des Husserlschen Denkens auch von ihm erfaßt worden, als er die absolute Subjektivität einer ihr korrelativ adäquaten Welt für bedürftig befand und die Subjekte, in diesem Plural, als die Garanten ihrer objektiven Existenz. In dieser letzten und reinsten Funktion hatte der Zuschauer – wie unzulänglich auch immer vertreten durch Beschreibungsmeister – nichts mehr von der Passion des Mißlingens, vom Steckenbleiben in der Katharsis. Doch war dieser Gewinn nicht in der analytischen ›Reinheit‹ des Verfahrens gewonnen: Er kam aus Erschließung, nicht aus Anschauung, war deduktives Rezidiv der Philosophie auf ihren Traum vom ›systematischen‹ Abschluß.

Ohne Scheu Zuschauer sein

Wittgenstein hat Lichtenberg gelesen. Es gibt erstaunliche Bezüge. Dennoch würde man nicht auf den Gedanken verfallen, es bestehe ein ›Einfluß‹, wahrscheinlicher ist, daß die Wahl solcher Lektüre durch vage Kenntnisse oder fremde Hinweise gesteuert ist, es fände sich da zum unentrinnbaren Anthropomorphismus, zur Sprachsuggestion und zum Spieltypus der Erkenntnis vieles vorweggenommen, sogar glänzender formuliert. Und auf eine brillante Formulierung für einen eigenen Gedanken zu stoßen, ist ein Antrieb jedes Theoretikers, seine ›Vorläufer‹ kennenzulernen – und zu zitieren. Denn zitiert wird ja nicht, um die eigene ›Beeinflussung‹ zu dokumentieren, auch nicht, um die ›Autorität‹ des Vorläufers sich dienstbar zu machen. Zitiert wird vor allem, weil man resigniert oder erleichtert notifizieren muß, es besser nicht sagen zu können.

Lichtenberg hat die Schachspieler in die Philosophie eingeführt. Aber auch ihn interessiert, wie so oft Wittgenstein, keiner der beiden Spieler, sondern der des Spieles unkundige Zuschauer. Lichtenberg vergleicht den Naturforscher und seine Hypothesen mit dem Beobachter eines Schachspiels, der sorgfältig alle Vorgänge auf dem Brett registriert, um auf die Regeln zu kommen, nach denen sich alles ›abspielt‹ und bei ausreichender Einsicht sogar vorausgesagt werden kann.

Doch die vollständige Kenntnis der Regeln läßt den Zuschauer noch nicht begreifen, worin das Ziel der Bewegungen auf dem Spielfeld besteht. Es könnte sogar seine Hypothese bleiben, daß der Punkt höchster Sensi-

tivität unter den Figuren der König ist, ohne daß er je erfährt, welchen Finalpunkt dessen Empfindlichkeit hat.
Nicht nur, daß die beobachteten Spiele zu Remis oder
Patt führen können, noch wahrscheinlicher und zu-
schauend schwerer zu begreifen wäre, daß die routinier-
ten Spieler ihre Partien schon bei erkannter Mattstellung
abbrechen, ohne diese noch herbeizuführen. Dem Zuschauer bliebe Hypothese, worauf alles hinaus sollte.

Lichtenberg erwähnt nur *en passant*, daß auch die
Spieler ihrerseits mit Hypothesen arbeiten müssen, obwohl alle Elemente und Stellungen offen vor ihnen liegen und sie ›wissen‹, worauf es hinaus soll. Nur wissen
sie dies eben nicht für jeden Zug des Gegners. Karten-
spiele, bei denen mit verdeckten Karten gespielt wird,
machen das noch deutlicher: *L'hombre kann ohne Hypothesen nicht gespielt werden.*[1]

Doch solche Bemerkungen sind die Ausnahme. Das
Interesse bei Wittgenstein wie bei Lichtenberg richtet
sich nicht auf Spieler und Spiel, sondern auf den Zuschauer als den Typus dessen, der erst herausbekommen
muß, ›was gespielt wird‹. Der Philosoph ist nicht mehr
selbst der Weltzuschauer, der *Kosmotheōros*. Er ist, in
nächster Instanz gleichsam, der Zuschauer des Zuschauers. Er beobachtet dessen seltsam-befremdliches Geba-
ren. Man hat lange geglaubt, dieses ›Dabeistehen‹ des
Philosophen ziele darauf, dem Naturforscher auf die
Schliche seiner Methoden zu kommen. Inzwischen
möchten manche genauer wissen, welche Stellung den
›Spielgewinn‹ bezeichnen würde.

1 Georg Christoph Lichtenberg, »Schriften und Briefe«, Bd. 2, München
³1991, S. 280 f. (J 1521).

Das Datum

Klingt es glaubwürdig, wenn Leo Strauss in einem Brief an Karl Löwith am 15. August 1946 aus Oxford schreibt: *Husserl sagte mir einmal, als ich ihn wegen der Theologie befragte: Wenn es ein Datum Gott gibt, werden wir es beschreiben?* Strauss fügt ironisch hinzu (und Löwith hat zwei Ausrufungszeichen draufgesetzt): *Die Schwierigkeit ist, daß die, die etwas von Gott zu wissen glauben, bestreiten, daß er ein beschreibbares Datum ist.*[1] Es ist aber wohl das, was Husserl hätte sagen müssen und daher auch gesagt hat, mit dieser kindergläubigen Zuversicht auf die Leistungsfähigkeit der Phänomenologie. Und Leuten Gewicht beizumessen, die etwas *zu wissen glauben*, wäre der geringste aller Einwände gewesen – denn zu glauben, daß man weiß, ist nicht besser, als zu wissen, daß man glaubt.

Ernster ist der Einwand, schon der Begriff Gottes schließe aus, von ihm sei ein Datum zu haben und dieses beschreibbar. Da ist es eben der Grundzug der Phänomenologie, daß sie sich durch Begriffe nichts vorschreiben oder verbieten läßt, sofern solchen Begriffen nicht die Rechtfertigung erfüllender Anschauung zugrunde liegt. Ein Datum, etwas Gegebenes, ist in der Weitfassung des Begriffs eben Anschauung – obwohl hier das Dilemma einsetzt, daß ein Begriff von Anschauung seinerseits auf Anschauung beruhen muß, um sagen zu lassen, wo sie anfängt und wo sie aufhört. Der Rekurs auf eine Art von ›phänomenologischer Erfahrung‹, die sich im Vollzug

---

1 Correspondence Löwith – Strauss, in: »Independant Journal of Philosophy«, ed. G. E. Tucker IV.

ihres Verfahrens den Begriff ihres gegenständlichen Anspruchs ›erwirbt‹: Anschauung aus der Genese von Anschauung, solcher Rekurs ist unvermeidlich.

Es ist naheliegend, daß es phänomenologische Religionstheorien gab, doch ist ihr ›Datum‹ nicht Gott, vielmehr die Eigenart der mit ihm oder an ihm gehabten ›Erlebnisse‹, die nicht anders als durch zeitversetzte Mitteilungen vorgelegt werden können. Und das sind nicht einmal Erlebnisprotokolle, geschweige denn ›Beschreibungen‹, weil das Erlebnis dieses ›Gegenstandes‹ Einstellungen evoziert, die sich mit der theoretischen Distanz nicht vertragen. Deren Urbild ist am ehesten die Rhetorik der »Confessiones« Augustins, die den ›Beobachter‹ nur mithören läßt, wie sich der Autor dem Gegenstand seiner Erfahrung nachhaltig zuwendet, so als sei das Momentane das Dauernde, das ekstatische Erlebnis die bleibende ›Anschauung‹. Kann Husserl gemeint haben, auch der Phänomenologe sei – im Vollbesitz der durch Reduktion purifizierten Subjektivität – solcher ›Anschauung‹ virtuell fähig? Dann wäre das vermeinte ›Datum‹ Gott ein Ertrag der endlich gewonnenen und durchgehaltenen ›Methode‹.

Warum sollte der Cartesianer Husserl das von sich gewiesen haben, da doch der Meister des *Cogito* seine Konzeption der neuen ›Methode‹ in bezug zu den ›Meditationen‹ gesetzt hatte, für deren Typus ihm die Exerzitien des Ignatius von Loyola vertraut waren, und Husserl auf den Titel der »Cartesianischen Meditationen« noch (oder erst recht?) in der Spätzeit seines Denkprozesses nicht verzichten wollte? Wer »Meditationen« schrieb, konnte sehr wohl gesagt haben, was Leo Strauss von ihm berichtete.

Wer wen versteht

Der Befehl des Delphischen Gottes und die Ironie seiner Spätfolgen

Mit der Vernunft läßt sich am wirksamsten agieren, wenn man im Unbestimmten hält, was man unter ›Vernunft‹ verstanden wissen will; dann kann sie so flexibel werden, daß man sie einer trivialen Anweisung zum Leben und Verhalten nur hinzuzusetzen braucht, um eine unwidersprechliche Norm herzustellen: man müsse dies oder jenes ›vernünftig‹ tun und treiben, im Disput wie im Diskurs ›vernünftig‹ verfahren und erst recht ›kommunizieren‹ – also schlechthin und allgemein ›vernünftig‹ denken und sein. Geht man auch nur einen Schritt weiter, gerät man in Gefahr, unter -ismen verschiedenster, auch übelster Art rubriziert zu werden. Ob ›vernünftiges Denken‹ schon mehr ist, als jedes Denken aus sich und für sich verlangt, ergibt den Verdacht, es würde ein höherer Anspruch prätendiert als der ebenso einfache wie rabiate des Befehls *Pense, porc!*, der 1952 in Becketts »En attendant Godot« nicht unbezeichnend in Tonart und Paradox die zweite Jahrhunderthälfte auf einer Bühne beim Wort nahm oder zu diesem brachte. Doch was konnte Lucky, der vertierte Knecht, unter der Peitsche Pozzos noch ›denken‹, gar ›vernünftig‹ denken?

Die Frage führt auf das Minimum, auf das Unverzichtbare: an seine nackte Selbsterhaltung, die im gegebenen Rollenfall der Gehorsam ist. Diese Verbindung ist faktisch – wie ›symbolisch‹ auch immer – und nur eine von vielen möglichen, in denen sich ›Selbsterhaltung‹ als Thema des Denkens durchhält. Zuerst und allem voran die Selbsterhaltung *des* Denkens, die allein Selbsterhaltung *durch* Denken gewährleistet. Wer die Abhängigkeit des ›richtigen‹ Denkens vom ›bedachten‹ Denken nicht zugesteht, riskiert virtuell die Selbstkontrolle des Denkens und damit seine Unbrauchbarkeit für das Leben, die aber das Leben nicht ›durchgehen‹ läßt. Ob man hier nun von einem (anschaulichen) *Wesenssachverhalt* spricht oder in Annäherung an die Zuständigkeit der Logik von einem *Grundsatz*, ist zwar der ›Schulart‹ nach nicht gleichgültig, doch ändert es an der Sache nichts. Kant notiert sich als *Grundsatz der Vernunft: ihre Selbsterhaltung*, und er ist es, der jenes *sich selbst denkende Denken* aus der Metaphysik des Aristoteles mit dem Glücksfall der sprachlichen Flexion zur subjektiv-objektiven Doppeldeutigkeit im Titel seiner Hauptwerke ›ausnutzt‹: *Kritik der Vernunft*. Sie ist es, die sich vor den unvorhergesehenen Gefahren in der Konsequenz ihrer Vollstreckung bewahrt und unter kontrolliertem Verzicht auf ›Reinheit‹ funktionsfähig selbsterhält, und dies eben für die Aufgaben der Selbsterhaltung in dem erweiterten Sinn, den erst das Jahrhundert nach Kant der Vernunft als Wissenschaft eröffnen sollte.

Der Verzicht der Vernunft auf ihre ›Reinheit‹ zugunsten ihrer Selbsterhaltung wollte der nachkantischen Ära der Wissenschaft durch Erfahrung nicht genügen. Grundsatz der Vernunft hätte alsbald heißen können: Selbsterhaltung durch Entwicklung. Das erste der definierenden Elemente korrigierte das zweite, indem es ihm – nur zeitweise mit Erfolg – die Wertungsimplikation des ›Fortschritts‹ verweigerte. Das Leben hatte sich zu seiner Vielfalt ›entwickelt‹, um nicht zugrunde zu gehen; mit listiger Nutzung immer neuer Verfahren und Räume feierte es keinen anderen Triumph als den einzigen: noch da zu sein, wie monströs ausgewuchert und im Übergang selbstzerstörerisch auch immer. Die Vernunft seiner Selbsterhaltung hatte die seiner Metamorphosen angenommen. Es hatte eine ›Geschichte‹ bekommen, in der es immer mehr des Überlebten als des Überlebenden gab.

Wie daraufhin das Denken sich selber bedachte, fand es diese Schematik als die eigene heraus: Es hatte eine Geschichte und sich in dieser durch keine Scheu vor der Erkundung am Rande seiner Möglichkeiten ›durchgesetzt‹. Auch diese Geschichte ist ›Entwicklung‹, aber das Prinzip der Selbsterhaltung gebietet der Hyperbolik Einhalt, es sei ständig am großen Fortschritt gearbeitet worden. Eher ließe sich sagen, die Geschichte des Denkens bestehe in der Elimination der allzu großen Verfehlungen; aber diese ›Lernerfolge‹ im Dienst der Selbsterhaltung stehen nicht jeder Generation in ihrer Gesamtheit zur Verfügung. Der Mechanismus der Geschichte ist ein Widerspiel von Erinnerung und Vergessen, und die Vernunft hätte dessen ›Ökonomie‹ zu kontrollieren. Doch kann sie es?

Das Unverfügbare ist leibhaftig geworden in den Monumenten und Speichern der Bibliotheken und Sammlungen, der ›Protokolle‹ von Vernunftarbeit im weitesten Sinn. Niemand wagt, den Gedanken der Überflüssigkeit der obsoleten Massen zu Ende zu denken. Und niemand gäbe ihm dann ein Recht, nach seinem zu Ende Gedachten diesem den Titel der ›Vernunft‹ zu geben.

Doch noch in dieser absurden Fiktion vollzieht sich etwas, was die Geschichte der Selbsterhaltung in eine andere Sprache überträgt: in die des Selbstverständnisses. Denn noch oder gerade, wenn der Mensch sich am Vergeblichen vergebens schindet, erfährt er ebenso etwas über sich selber wie an den episodischen Erfolgen, die diesen Prozeß als Prämien verschiedenster Art in Gang halten. ›Prämie‹ ist auch die Befriedigung des Bedürfnisses, das mehr oder weniger ausgeprägt dieser nicht auf ein Lebensprogramm festgelegten Gattung Mensch eigen ist, sich Proben und Maße des Könnens und Aushaltens zu verschaffen, eine Leistungs- und Ertragsreserve für Situationen, die vielleicht nie oder anders als absehbar eintreten. Selbstverständnis ist daher nicht nur eine Auswertung von Erfahrungen mit und an sich selber, sondern auch die Antizipation des noch Unerfahrenen und Unberechenbaren. Selbstverständnis hat insofern mit der Vernunft der Selbsterhaltung zu tun, als es ›Sicherheit‹ der Lebensform entstehen läßt, die mit ›versicherbaren Risiken‹ nichts zu tun hat. Der Tod allein ist, wovon keiner wissen kann, wie er damit ›fertig werden‹ wird.

Der Tod des Sokrates – wieviel auch Plato an Erdichtung zu den Dialogen im Kerker hinzugetan haben mag – ist zum philosophischen Paradigma des Übergangs vom Befehl des delphischen Apollo »Gnothi seauton«, insofern er die Richtungswende von der die Vorsokratik beherrschenden Naturerkenntnis auf die Menschenwelt unter den Dächern und auf den Märkten der *Polis* mit ihren Tugenden und Verfänglichkeiten auf die kürzeste Formel gebracht hätte, zu der Intimität eines Selbstverständnisses, das die Situationsbezogenheit des Allgemein-Menschlichen aus dem kosmischen Vorkommnis des den *Logos* als Rede wie als Vernunft besitzenden Lebewesens herzustellen erzwingt. Daß der Selbsterkenntnisanruf des Gottes eben ›Erkenntnis‹ in jenem an der Natur gewonnenen Sinn von *theoria*, aus der Position des erstaunt sich selber zuschauenden Gattungswesens, gemeint hatte, läßt die schöne Legende durchscheinen, jene Inschrift auf dem Tempel in Delphi sei von eben jenem Thales aus Milet erfunden worden, der als Begründer der ionischen Naturphilosophie und ihres Dranges, alles aus einem herzuleiten, in die Geschichte der Theorie eingegangen ist. Womöglich als Konsequenz des vom platonischen Sokrates aufgegriffenen Sturzes in die Zisterne beim Beobachten des nächtlichen Himmels, von der lachenden Thrakerin ihm vorgehalten als Übersehen des Nächstliegenden zum Fernstliegenden hin.

Dann wäre der Delphische Gott vom milesischen Philosophen zum Verstärker einer intimen Erfahrung des Denkers mit sich selber gemacht worden. Denn die nächtlich verhallte ›Katastrophe‹ des an Sonne, Mond und Sternen wie an Wettervorhersage notorisch erfolgreichen Thales hatte nichts mit der Erkenntnisform der ›professionellen‹ Gegenstände zu tun, verhalf ihm zu keinerlei ›Selbsterkenntnis‹ als Gattungswesen, sondern allenfalls zum ›Selbstverständnis‹ der Torheit, die ihm in den Scheltworten der thrakischen Magd vorgehalten wurde.

Daß ›Selbstverständnis‹ bleibend mit dieser oder jener Art von Sturz und Fall zu tun haben würde – auf dem literarischen Gipfel im Musterbuch der »Confessiones« Augustins, mit Sündenfall wie Sündenfällen, als dem der Intimität der einen Seele mit ihrem einen Gott vorbehaltenen und der *Agora* entzogenen Thema –, das wäre beim legendären Urheber des Tempelspruches von Delphi keine absehbare Konsequenz der Abwendung von

den ›Phänomenen‹ der Natur gewesen. Sonst hätte, allen
zuvor, Sokrates sich selbst anders verstehen müssen,
wieviel in seiner ›Ironie‹ auch an indirekter Doppelhö-
rigkeit des Befehlsempfangs liegen mochte. Verstand er
des Sophisten Protagoras Ausspruch, der Mensch sei das
Maß aller Dinge, wirklich nur als ein Stück Sinnesphy-
siologie, als eine gattungsgebundene ›Anpassung‹ der
Welt an den Menschen – und nicht ein wenig doch als
die Wahrheit, daß *jeder* Mensch *seine* Welt kraft der Einzigkeit seines Selbstseins habe? Dann wäre ›Selbsterkenntnis‹ im Sinne des Apollo zu wenig gewesen, nur
die Folie von ›Selbstverständnis‹ – dem also, was keine
Theorie beobachten und, platonisch gesprochen, unter
die ›Ideen‹ versetzen kann.

Kommt man auf diesem Umweg zu dem Resultat,
›Menschenkenntnis‹ sei – trotz ihrer Verfeinerungen zur
Temperamentenlehre und zur Charakterologie – ein viel
zu grobes Raster, um das zu erfassen, was jeder von sich
selber und für sich selber ›verstehen‹ möchte und gar
muß, um mit sich leben und überleben zu können, so
steht man unversehens unter der altgefürchteten Drohung mißlingender ›Erkenntnistheorie‹, die sich den
Schreckens- und Abwehrnamen ›Solipsismus‹ verdient
hat. Jeder der Gefangene seiner selbst und unter Ver-
schluß seines Selbst für ihn – das hört sich exotisch an,
ist aber doch die Prämisse zahlloser Emsigkeiten über
das ganze 20. Jahrhundert hinweg. Ein anderer muß uns
dazu kommen lassen – ohne sokratische oder augustini-
sche oder montaignesche Hilfsmittel –, es uns allmählich
dämmern zu lassen, was es mit uns aus unserer vor uns
verborgenen Geschichte auf sich hat. Diese Konsequenz
mag sich als absurd und als honorarpflichtige Ambition

professioneller Einhelfer erweisen – Konsequenz aus langher kommendem Mangel an Verständnis jenes apollinischen Befehls und seiner sokratischen Umsetzung in Philosophie ist sie allemal.

Es liegt nahe, sich für das Selbstverständnis zurechtzufinden – wie so oft bei anderem – mit der Analogie unserer Erkenntnisverfahren mit Gegenständen von ganz anderer Art, als wir selbst es sind. Vom Sirius haben wir ein Spektrum, etwas sehr ›Oberflächliches‹ also, und darauf gründend eine Reihe von Hypothesen, wie das, was das Diagramm zeigt, den *möglichen* Zustand des Sterns begreifen läßt. Nimmt man die ›Hypothese‹ in dem erweiterten, alle unsere Weltbeziehungen beherrschenden Sinn, daß wir über das Mögliche hinter der Maske der ›Phänomene‹ nicht hinauskommen, wenn nun einmal das ›Ding an sich‹, das wir selbst sein mögen, uns genauso verborgen ist wie das Innere des Sirius, so haben wir es im ›Selbstverständnis‹ mit etwas von der Art der ›Hypothese‹, mit dem nur Möglichen und niemals als es selbst Gegebenen, zu tun – bei uns ebenso wie bei allen anderen. Es gibt *nur* mögliche Selbstverständnisse, dort wie hier.

In der Anerkennung dieser Unzugänglichkeit des Selbst hinter dem, was zu sein es prätendiert, liegt alles andere als die Verzweiflung daran, nur dieser eine allein zu sein und zu bleiben. Der Weg endet bei einer sehr vorsichtigen Handhabung der Verallgemeinerung: uns sei, insofern wir Menschen sind, nichts anderes gemein als dieser Vorbehalt des stets nur *möglichen* Selbstverständnisses. Der seit dem Vorrang der cartesischen Evidenzfrage gegebene Primat der Selbsterfahrung des *Cogito sum* hat seinen Glanz verloren, seit es um die im-

manente Identität des *Cogito* in den Assoziationsmecha-
nismen ebenso fraglich bestellt ist wie um die des *Sum* in
seiner zeitlich-lebensweltlichen ›Geschichte‹. Mögliche
Selbstverständnisse sind wie ›Reparaturen‹ an vielleicht
brüchigen Beständen, an schon versuchten, aber nie so-
lide gewordenen Konstruktionen.

Selbstverständnisse sind Hilfskonstruktionen der
Selbsterhaltung – diese freilich in anderem Verstande genommen als dem des ›Erfolgs‹ im Kampf ums Dasein,
das immer noch so ›aussieht‹ wie eine ›Substanz‹, deren
Besitz zu verteidigen ist. Was der Selbsterkenntnis des
apollinischen Befehls korrespondiert hatte, war noch
›Substanz‹, und das hieß vor allem: das begrifflich faß-
bare ›Wesentliche‹ des Menschen. Mit der Auflösung des
Substanzrückhalts tritt das Selbstverständnis ein für die
Selbsterhaltung, und sei es das episodische Kondensat
der Empfindungswolke. Wer wen versteht, das ist nicht
rätselhafter geworden, seit der ins Herz schauende Gott
nicht mehr der Zeuge ist und seit die Vernunft wiederum
die Vernunft zu kritisieren berufen war, sollte sie nicht
an sich selber zerbrechen. Aber Selbstverständnisse gab
es seit dem Verlust der Unmittelbarkeit des Selbst zu
sich selber nur noch ›zur Probe‹: das eigene nicht anders
ein mögliches als die anderen vielfältig möglichen im
Dienst jenes einen.

Die absolute Selbstgewißheit, die Descartes im *Cogito
sum* gefunden und für die Epoche zum Maßstab philosophischer Wahrheit erhoben hatte, brachte die schon
von Parmenides gefällte Entscheidung für die ›Zeitlosigkeit‹ der Wahrheit zum vermeintlichen Abschluß, aber
auch zur Krise ihrer Haltbarkeit. Denn die Evidenz des
»Ich denke, (also und dabei) bin ich« ist nur die *des* ›Au-

genblicks‹, in dem das gedacht wird. Genauer: mit-ge-
dacht wird. Denn das Bewußtsein ist stets auf das Ge-
dachte gerichtet, das diese Evidenz nur der Reflexion
preisgibt, die darauf geht, daß die Vorstellung »Ich
denke« alle Vorstellungen muß begleiten können, insofern sie sich als die meinigen erweisen sollen. Wie das
notwendig geschieht, sah Descartes noch nicht; sein Problem bestand im Mangel der Zeit als einer synthetisch-
homogenen Einheit, da er den Einwand der möglichen
creatio continua, der Erschaffung jedes Weltaugenblicks
unabhängig von jedem vorherigen oder folgenden, nicht
beheben konnte: Die einzige absolute Gewißheit hatte
nicht das Zeug, die Einheit des »Ich denke, ich bin« zu
gewährleisten. Als unausschaltbarer Störfaktor ist diese
stetige Erhaltungsschöpfung der Welt eher eine *creatio
discontinuata*.

Die Erinnerung kann sich ihrer nicht selbst versichern; sie muß garantieren, was umgekehrt sie garantieren müßte. Die ›Dehnung‹ des Augenblicks über Reten-
tion und Protention sollte erst drei Jahrhunderte nach
Descartes zur Last der Phänomenologie werden. Damit
aber zeigt die philosophische Zentralthematik nur noch
ihren Wechsel an der Epochenschwelle an: nicht die
Zeitlosigkeit der Wahrheit, sondern die Wahrheitschance
der Zeithaftigkeit war thematisch geworden. Die Konstitution des inneren Zeitbewußtseins erwies sich als
vorbegriffliche Anschauungsbasis dafür, daß wir mit
Uhren überhaupt umgehen, die Zeit ›ablesen‹ können.
Die Haltbarkeit des *Cogito sum* durfte noch kein
Quentchen an Zeitverlauf und damit keine Überschrei-
tung des anschaulichen ›Augenblicks‹ zur zeitaufwendi-
gen Diskursivität enthalten, Grund genug für den Carte-

sianer, das diskursive Stigma des *ergo* zwischen *cogito*
und *sum* zu exorzisieren. Das Kapitel »Haltbarkeit der
Zeit« wurde zentral für eine Kultur der Gewißheit von
eigenen Gnaden – und eben damit wird ›Erinnerung‹ in
einem sich vertiefenden Verstande zum Medium aller
möglichen Selbstverständnisse. Wir verstehen uns im
Maße, wie wir uns ›erinnerlich‹ werden, die längst auch
dem Namen nach kostbar gewordene ›Identität‹ wahren.
Der Evidenzmoment des »Ich denke«, dessen Punktualität die Gewißheit zur ›Ungegenwärtigkeit‹ aushob und
darin wiederum ›idealisierte‹, hatte die *Memoria* zum
dubiosen Organ der um ihren Absolutismus verlegenen
Subjektivität entwertet – ›entwertet‹, wenn man sich
erinnert, welche Funktion die *Anamnesis* in Platos
Rückbindung aller Erkenntnis an die durchs Leben mit-
geführten Präexistenzreste seiner ›leibhaftigen‹ Ideenan-
schauung gehabt hatte, um das Kriterium der ›Zeitlosigkeit‹ halbmythisch bis halbanalytisch im Wust der Erscheinungen ›trotzdem‹ zu erfüllen. Nach Descartes gab
es keine Beziehung der Erinnerung zur Zeitlosigkeit
mehr, es sei denn, der umwegige Gottesbeweis wäre gelungen, um auch der Erinnerung etwas von der Vollkommenheit der Werke des *ens perfectissimum* – der
Umbesetzung des durchprobierten ›trügerischen Gei-
stes‹ (*genius malignus*) – zuzuteilen. Ohne diesen meta-
physischen Kunstgriff, dessen Mißlingen nicht erst Kant
klar wurde, ist die ›Erinnerung‹ zwar mit jeder Garantie
im Stich gelassen, aber als auf sich selbst gestellte Intimität des Selbstverständnisses die Retterin der inneren Erfahrung aus dem bloß formalen Schema der Zeit, dem
eine ›genetische‹ Theorie erst von Edmund Husserl
mehr verordnet als zuteil werden konnte. Aber schon im

versuchten Übergang von der statischen Form zur ›erlebbaren‹ – und damit beschreibbaren – Genese kommt zum methodisch-trockenen Recht, wie nahe Selbstverständnis und Wahrheit aneinandergerückt sind.

Als erlebte und gelebt werdende ist Zeit immer verlorene Zeit (*temps perdu*), und wie am Ende der kühltrostlos beschriebenen ›Nachforschung‹ (*recherche*) die wiedergefundene Zeit (*temps retrouvé*) sich zum ›Ding an sich‹ des im Tod zu verlierenden Lebens verhält, dafür gibt es keine andere Vermittlung als das ästhetisch sich erschließende Selbstverständnis, in dem sich Verlust und Rückgewinn ununterscheidbar amalgamieren. So ist Prousts Riesenepos, aus der Ansichtigkeit des Todes in der Leidenshöhle geschrieben, das fleischgewordene Wort für die Jahrhundertsorge, sich – oder sein Dasein oder seine Identität – zu retten. Darin erst sind Selbstverständnis und Selbsterhaltung zu dem Einen geworden, um das es geht, wenn alle Zeitlosigkeiten – auch schließlich die der Allgegenwart durch Wiederkehr im Mythos, wie die in Thomas Manns »Joseph« aus der Distanz des Nichterlebens versuchte – vergeblich geworden sind.

Die unerträgliche Unsterblichkeit

Die erstmals von Plato als beweisbar ausgegebene Unsterblichkeit ist ein eher störendes als beglückendes Stück Metaphysik geworden. Zum allgemeinen Menschenglück konnte sie schon deshalb nur wenig beitragen, weil die Anforderungen, ein ›ewiges Leben‹ ungestört zu erreichen und zu verbringen, in der Blütezeit ihrer unbezweifelten Geltung sehr hoch, zuweilen unerreichbar hoch angesetzt waren. Es ergab keinen Verlust oder Verzicht mehr, als sie von Kant aus der Metaphysik endgültig entfernt und zur vermeintlichen Harmlosigkeit eines Postulats degradiert wurde. Dies leitete ein Jahrhundert ein, das in Erwartungen solcher Art eine gefährliche Ablenkung von intensiver Diesseitigkeit erblickte: Man stehe fest und sehe hier sich um ... Versprechungen, die sich erst jenseits des Todes erfüllen sollten, konnten nur Vertröstungen sein, die dazu verleiteten, nicht auf seinem Anteil am Hiesigen zu bestehen.

Mußte nicht auch Nietzsche diesem Zuge des Jahrhunderts folgen? Konnte der Übermensch etwas Rechtes werden, wenn seine Anwärter sich noch andere Aussichten als die auf irdische Gründlichkeit machten?

Und dann steht da, überraschend, unverhofft, aus der Phase des »Zarathustra«: *Daß wir unsere Unsterblichkeit ertragen könnten – das wäre das Höchste.* Ehe man noch dem Gehalt des Satzes, seinem eigentümlich schwebenden Irrealis, näher gekommen ist, stimuliert er die Neugierde, weil er so wenig zum Nachrufer des ›toten Gottes‹ und anderer metaphysischer Verwesungen

passen will. Für den Zögernden ist Aushilfe schnell zur
Hand, die sich auch frühere Herausgeber dienstbar
machten, indem sie den Satz einbauten in allerhand anderes über die Ewige Wiederkunft des Gleichen, den
Übermenschen als Wiederholungstäter, ausgezeichnet
dadurch, daß er es nicht lassen kann und nicht lassen
will: *Und dann zuletzt: diese ganze Reihe noch einmal
wollen!*

Aber man darf sich weigern, dulderisch hinzunehmen,
daß diese beiden Sätze auf derselben Seite stehen und
der eine nur das Komplement des anderen sein soll.
Denn alles über die Ewige Wiederkunft ist bloße Kraft-
meierei, metaphysisches Surrogat, jenen verblichenen
Gott aufzuwiegen und den Menschen ausfüllend für
seine Vakanz zu machen: als einen, der mit der ungeheu-
erlichsten Zumutung fertig wird. Dagegen ist der eine
Satz über die Unsterblichkeit vom höchsten Rang. Nach
welchem Kriterium? Nach keinem anderen als dem,
pure Nachdenklichkeit zu stiften und von sich nicht ab-
lassen zu lassen.

Als Nietzsche in der Zeit des »Zarathustra« den Satz
über das Ertragenkönnen von Unsterblichkeit notierte,
war die »Philosophie des Als-ob« schon niedergeschrieben – wenn man Hans Vaihingers Selbstdarstellung in
diesem Punkte folgen darf, da das Werk erst 1911 erscheinen konnte – und hatte ihre erregende Hauptfrage
formuliert: *Wie kommt es, daß wir mit bewußt falschen
Vorstellungen doch Richtiges erreichen?* Vaihinger hatte
dieses Problem, unter anderem, an Kants Postulaten-
lehre studiert, die er freilich mit der Unterstellung bewußter Falschheit aus ihrer Verankerung in den Zusam-
menhängen Kants herausriß: Das Unbeweisbare, das des

Beweises Unbedürftige, mehr noch: das mit Beweisverbot Belegte, konnte und sollte nicht das bewußt Falsche sein. Und gerade das gilt noch für Nietzsches Umgang mit der Unsterblichkeit.

Wie er sie denken und zulassen zu können glaubte, als Ewige Wiederkunft, sollte sie drohend über die Entschlüsse des Menschen auf dem Weg über sich hinaus verhängt sein, eine Herausforderung, die nichts mehr mit den alten Belohnungen und Strafen zu tun haben durfte. Fraglos gilt dieses Suchen nach dem Übergroßen, an dem sich der Mensch selbst zur Übergröße hocharbeiten konnte, auch für das knappe Apophthegma, über dem der Nachsinnende nicht leicht freigelassen wird: ein Irrealis zwar, aber einer, der packt wie das Apodiktische. Abgewendet von der abstrakten Allgemeinheit dessen, was Gesetz muß sein können, wird jeder als vor der Grenze der eigenen moralischen Tragfähigkeit stehend gedacht. Er wird genötigt, über sie hinaus auf die unbegrenzte Zeugenschaft seiner selbst zu blicken, als die allein Unsterblichkeit das autonome Tribunal sein könnte.

Denn die Menschen sterben, bevor sie wahrzunehmen Gelegenheit hatten, was aus dem wird, das als Inbegriff ihrer Handlungen ihr Leben ausmacht. An der Vergrößerung wird deutlich, was gemeint ist: Luther ist vor dem Dreißigjährigen Krieg gestorben, Rousseau vor der Französischen Revolution, Bismarck vor den beiden Weltkriegen seines kurzlebigen Reiches, Freud vor dem Zusammenbruch aller Widerstände gegen seine Generalthese durch die sexuelle Revolution. Als Argument der Unsterblichkeit bedeutet dies nur, man müsse denken dürfen, daß alle, ihren Folgen wenigstens noch zuzusehen, genötigt wären. Ob sie sich dabei vergnügen könnten oder grämen würden, sollte man auf sich beruhen lassen – da ist vielleicht etwas am Menschen, worauf man sich verlassen kann, wenn er in jedem Sinne zur Ruhe gekommen ist.

Keine Rede also mehr von Glückseligkeit, die der moderne Mensch, selbst wenn er sie noch wünscht, sich kaum noch zutrauen wird. Für den christlichen Himmel ist er sich zu kompliziert geworden. Nietzsches Rede geht von der Erträglichkeit – der Selbsterträglichkeit – als unendlicher Probe aufs Endliche. Kein Gericht bedroht den, der sich als unsterblich denken müßte, außer der einzigen Instanz, die es ihm schwerer machen könnte fortzuexistieren als alles, was im Tale Josaphat vorgesehen war: er selbst, mit seiner Last der Erinnerung, mit der Scham der Identität.

Aus dem Postulat der Unsterblichkeit wird durch Nietzsche ein Gedankenexperiment auf die eigene moralische Subsistenz, auf die Stichhaltigkeit eines Handelns, das jedem Rückblick aus der Zukunft würde standhalten können. Der Moral einer ganz und gar der Welt verpflichteten Einstellung entspricht der Imperativ, so zu handeln, als ob dies für alle Ewigkeit dem Anblick dessen standzuhalten hätte, der es gesetzt hatte. Auf eine Formel gebracht: Lebe so, daß du jederzeit mit dir selbsteinig sein kannst, so gelebt haben zu wollen und wieder zu leben! Das sittliche Subjekt, endlich in seinen Maßen, erschließt sich die Dimension der Unendlichkeit als die seines niemals endgültigen Selbsturteils.

Die besondere Ausstattung der Unsterblichkeit mit dem Ritual der Ewigen Wiederkunft kann man als Überzeichnung, als ein Stück nachmetaphysischer Rhetorik betrachten: Indem Nietzsche über die Unsterblichkeit

als bloße Katamnese des einmaligen Lebensvollzuges
hinausgeht auf die vermeintlich größere Unerbittlichkeit
der Nötigung zur Wiederholungstäterschaft hin, riskiert
er die Widerlegung, schon der gegenwärtige Weltlauf
und alle Verantwortlichkeiten in ihm könnten einer der
Durchgänge jener Ewigen Wiederkunft sein. Damit aber
wäre, entgegen der Absicht äußerster Belastung mit Zurechenbarkeit, die Ausrede der Rechtfertigkeit des von
Ewigkeit her Entschiedenen an die Hand gegeben.

Freilich hatte die Idee der Wiederkunft für Nietzsche
ihren eigenen Reiz des antiken Paganismus: Nicht nur
sollten wir es ertragen können fortzubestehen, sondern
sein zu müssen als wiederum diese und nur diese, zu denen uns zu machen, wir ein einziges Mal die Freiheit
hätten. Wovon uns allerdings, wie Nietzsche verschweigt, unerkannt bleiben muß, ob es dieses Mal und
dieses Leben sind, die uns das Weltschicksal anheimge-
geben sein ließen. Wie vieles bei Nietzsche, ist dieser
Gedanke ein Stück zu großartig, um nicht über die
Köpfe – auch der Aspiranten aufs Übermenschentum –
hinweg gedacht zu sein: Der Regierende Kosmos sollte
seinen wahren Demiurgen nicht aus den Fängen lassen
und dessen Bewußtsein imprägnieren mit einer schier
unerträglichen Zurechenbarkeit.

Dauern ficht ihn nicht an, heißt es vom ›Helden‹ in
Rilkes sechster Duineser Elegie. Diesem heroischen Typus von Einmaligkeit als Selbstgenügsamkeit der Tat-
größe hatte Nietzsche vorbeugen wollen mit seinem eigenen, den nichts anderes anficht als Dauern. Einem
Weltlauf genügt zu haben, sollte sich erst daran erweisen, allen genügen zu können und aus dem Gelingen der
Kraftprobe dem Wunschzwang zu unterliegen, dieser

Kraft immer wieder ihre Tatgelegenheit zu verschaffen. *Meine Lehre sagt: so leben, daß du wünschen mußt wieder zu leben, ist die Aufgabe – du wirst es jedenfalls!*

Anstelle des Kontinuums bloßen Weiterlebens das Diskretum des Wiederlebens zu setzen, erscheint Nietzsche als der entscheidende Schritt über die klassische Unsterblichkeit hinaus. Vor allem aber das Wünschenmüssen anstelle des Ertragenkönnens – der mit dem »Zarathustra« aufgekommene Frohsinn der Selbstübersteigerung. Doch ist der Beschreibung der Aufgabe, durch Leben zum Wiederlebenwollen zu gelangen, mit der angehängten Drohung ihre Freiheitsimplikation genommen: *du wirst es jedenfalls!* Das ist, vom Niveau des Als-ob, der Rückfall in die Metaphysik.

Es wird wieder zum Kalkül der Wette Pascals, sich bei Unvermeidlichkeit des Weiteren für dessen Optimierung zu entscheiden. In der Wiederholung des Gleichen steckt immer noch ein Stück vom Korrespondenzprinzip Dantes. Aber der Rückfall ist tiefer, weil – man muß es wiederholen – das gegenwärtige Dasein der Entscheidung für alle Zeit schon Dantes Inferno der Vergeblichkeit sein könnte, ohne daß irgendein Anzeichen denkbar wäre, sich darüber Klarheit zu verschaffen.

Wer wünschen könnte, was er wünschen muß, wäre der Reuelosigkeit über die Welt, die seine Spur trägt, gewiß. Keine der Welten, die kommen, würde ihn mit Scham erfüllen können. Man spürt: Das *wäre* der Übermensch. Aber er wird es nicht sein. Seine Chance ist schon vorbei, wenn sie dagewesen sein sollte. Sie ist untergegangen in der Furcht vor dem, was jedenfalls kommt, *weil* es jedenfalls kommt. Deshalb darf man sich fallen lassen auf Nietzsches anderes Wort: Unsterblichkeit ertragen zu können. Das wäre, was vielleicht nicht ganz den Übermenschen erforderte, sofern es nur bedeutete, die Folgen des eigenen Daseins in dessen Maßen auszuhalten.

Die Rede vom Ertragen der Unsterblichkeit ist eine Verkürzung; was ertragen zu können das Höchste sein soll, ist der unverwischte und durch keinen Lohn-Strafe-Kalkül entstellte Gedanke an Erinnerung über die Grenze der physischen Existenz hinaus. Was den als überlebend Gedachten zwingen würde, sich fort und fort zu ertragen und allein vor sich selbst der zu sein, der er gewesen ist, als der er so und nicht anders gelebt hätte, wäre seine aus dem Schutz des Vergessens und der Verdrängung entlassene *Memoria*. Sie wäre das Gericht, das allein die Autonomie des ethischen Subjekts vollenden könnte, sollte eine philosophische Eschatologie in der Nachfolge der theologischen von einem ›Gericht‹ zu sprechen haben, um die Leerstelle besetzt zu halten, deren Vakanz in der Ökonomie des Bewußtseins offenbar nicht gut vertragen wird.

Es war ein den theologischen Eschatologien eigentümlicher Mangel, daß sie in der Umkreisung jenseitiger Schicksale des Menschen nicht jedem zu seiner eigenen Konsequenz verhelfen konnten. Das hätte die Erschwernisse wie die Erleichterungen der göttlichen Heilsordnung, ihrer unverzeihlichen Sünden wie ihrer hoheitlichen Gnadenangebote, unkenntlich gemacht. Noch Schopenhauers Metempsychose hatte zu viel von einer Heilsschicksalsregelung; da mußte für allgemeine Gerechtigkeit gesorgt werden, wie sie sich einem externen Weltzuschauer aufs Ganze der Weltzeit dargeboten hätte. Sein und Gerechtigkeit koinzidieren erst, wenn nicht mehr verlangt wird, als daß jeder mit sich selbst und seiner Erinnerung auszukommen hat. Was das Ertragenkönnen von Unsterblichkeit angeht, so ist es immer noch infolge von Kants Kritik an der Substantialität der Seele ein Grenzwert, durch keine ontologische Sicherung gewährleistet, eine zerbrechliche Instabilität. Vor Scham vergehen zu können, diese redensartliche Wendung könnte, ins Eschatologische übersetzt, die Form sein, in der Unsterblichkeiten sich selbst verlieren, umschlagen in Endlichkeit – im Paradox ihrer Unerträglichkeit.

Wäre in Nietzsches Satz die Ethik enthalten oder sogar repräsentiert, die auch dem ›Prinzip Verantwortung‹ genügte? Für diese mag zu präzisieren sein, was der sich Überdauernde zu ertragen hätte. Die *Memoria* nicht nur seiner Handlungen und ihrer Maximen könnte es sein, was ihm gegenwärtig bleibt, sondern auch die der Ansichtigkeit seiner Folgen in der Welt, deren Zeuge zu bleiben, Unsterblichkeit hieße, solange sie bleiben: die Spur von seinen Erdentagen. Angesichts dessen, nicht vergehen zu wollen *oder*, niemals existiert zu haben, wünschen zu müssen, bezeichnet die Extremwerte dessen, was als Erweiterung des Grundgedankens von Nietzsche im Hinblick auf einen neuartigen Weltzustand von radikaler Bedrohlichkeit hervorgehen könnte.

An Nietzsche verblüfft der Glaube an die praktische Wirksamkeit eines theoretischen Gedankens, der doch die Ewige Wiederkunft war und nur sein konnte; die Realität des Übermenschen sollte darin bestehen, der Last dieses Gedankens gewachsen zu sein. Zweifellos haben auf dem weiten Feld der Ethik nur Rigorismen eine Chance, ihren Typus zu finden und zu prägen. Nur die Stoa und der kategorische Imperativ haben prägende Wirkung gehabt. Nietzsche war sich der Eindrucksmacht seiner Idee deshalb sicher, weil er den Verdacht aller Gedankenbildner teilte, es müßten die bis dahin gebildeten Gedanken nur zu schwächlich gewesen sein, ihre Forderung durchzusetzen. Die Enttäuschung mit der Wirkung von Gedanken sollte für jeden nächsten Denker an der Unentschlossenheit seiner Vorgänger liegen. Zum Erreichten muß jeweils das Bewußtsein vom Äußersten des Erreichbaren hinzutreten, um endlich einmal die Probe zu machen, was der Gedanke vermag. Weil keiner der Urheber selbst den Ausgang dieser Probe noch zu attestieren hat – gerade deshalb auch für ihn Unsterblichkeit! –, nimmt er den Trost aller Extremisten mit ins Grab, es aufs Äußerste ankommen gelassen zu haben. Man braucht diese Tröstung nicht mitzumachen, keine Erwartungen aufs Letzte nach dem Vorletzten zu setzen, um doch für unvermeidlich zu halten, daß weiter versucht werden wird, den Punkt zu finden, an dem sich der Gedanke derart genügt, um für seine Wirkungslosigkeit zumindest keine Ausflüchte mehr finden zu lassen. Das steckt in der Unermüdlichkeit aller philosophischen Anstrengungen. Darin haben sie ihren experimentellen Charakter im Laboratorium der Geschichte.

Für das Nachdenken über den Satz Nietzsches hieße das: Wenn überhaupt ein Gedanke mächtig genug sein sollte, Menschen in ihrem Dasein umzustimmen, könnte oder gar müßte es dieser sein. Ihm sollte es gelingen, sich mit dem Begriff der *Memoria* so zu verbinden, daß Menschen nicht nur der Intimität ihrer Identität überliefert würden – nicht nur der Unverstelltheit ihrer Erinnerung an das Ich, das sie gewesen waren –, sondern auch noch zu Zeugen ihrer Nachwelt, als des Inbegriffs der Geschichte ihrer Welt, zu werden hätten.

Da mag das Nachdenken über den Satz von Nietzsche zur Konvergenz kommen mit der Urfrage nach dem, was dem Menschen zuzutrauen ist. Genügt ihm, was seit dem Spruch des delphischen Apollo von ihm gefordert wurde: durch den Gedanken ans Ertragenkönnen der Unsterblichkeit schlechtweg sich selbst zu erkennen, um *zu sein, wie er sich würde ertragen können*?

Distanzen – Affinitäten

Der verborgene Gott der Phänomenologie

> *Der Mensch denkt sich leichter einen Gott als sich selbst.*
>
> Hebbel, »Tagebücher« (Wien 1847)[1]

Die Philosophie hat *die* Götter zunichte gemacht, sie hat *den* Gott sterben lassen. Aber sie ist nie ohne *ihren* Gott ausgekommen, nicht um ihm zu dienen, sondern um mit ihm zu rivalisieren.

Der Mensch, meinte Feuerbach, hat Gott zur Projektion seiner Selbstauffassung gemacht. Wenn das so ist, muß jede Theologie in Anthropologie als Heimholung der Selbstbestimmung des Menschen aus der Gott-Ferne enden. Die Analysen dieses Buches bestätigen Feuerbachs Annahme *nicht*. Die am wenigsten metaphysische Philosophie dieses Jahrhunderts, die Phänomenologie, eine an die Beschreibung der ›Sachen selbst‹ programmatisch gebundene Disziplin, hat eine Kryptotheologie. Sie ist zugleich die Verhinderung dessen, daß es eine phänomenologische Anthropologie gegeben hat oder geben darf. Der Gott des Phänomenologen ist zuerst sein Rivale um Erkenntnisgewißheit, dann der Inbegriff derjenigen Subjektivität, die das ›welthafte‹ Subjekt durch phänomenologische ›Meditation‹ selbst zu werden beansprucht.

Wenn das so ist, liegt die Chance einer phänomenologischen Anthropologie in der Resistenz gegen kryptotheologische Rivalität. Eine beschreibende Anthropologie, sofern sie, philosophisch zu sein, vorhat, kann nicht

---

1 Friedrich Hebbel, »Werke«, Bd. 4, München 1966, S. 861.

alles und jedes beschreiben, was sie einschlägig vorfindet. Es liegt nahe, hört sich aber trivial an, daß ihr
Thema vor allem die Beschreibbarkeit selbst ist, sofern
sie am Menschen von der der Dinge abweicht. Der
Mensch ist nicht nur beschreibbar, weil er sichtbar ist,
sondern indem diese Sichtbarkeit ihn durch und durch
bestimmt bis hin zu ihrer ostentativen Selbstdarstellung.
Aber vor allem ist er sichtbar, indem er undurchsichtig
ist. Dieses Ineinander von Visibilität und Opazität
macht eine phänomenologische Anthropologie möglich,
die auch und gerade solche Sachverhalte aufnimmt und
in ihrem Verbund analysiert, deren humane Erheblich-
keit aus Theologien diverser Provenienz ›verbürgt‹, aber
nicht einsichtig ist.

Wie sich das Leben erträgt

Wer ohne Philosophie nicht leben kann, ist kein Philosoph.

Husserl konnte schwerlich den ihm zugeschriebenen Satz verantworten, ohne Philosophie hätte er nicht leben können. Warum nicht ehrlicher: nicht leben *mögen*. Das diskreditierte die Philosophie nicht zum ›Lebensmittel‹. Und es hätte den Begründer der Phänomenologie nicht in den Widerspruch getrieben, die *Reduktion* als Schlüssel zu seiner Art des Philosophierens müsse in Front gegen die natürliche Unmittelbarkeit des Lebens vollzogen, durchgesetzt, in unendlicher Arbeit – die keinem Leben vergönnt ist – erzwungen werden.

Ob Philosophie geeignet ist, das Leben genießbarer zu machen, ist allerdings fraglich. Diese Fraglichkeit hängt mit ihrem Anspruch auf Lebenszeit zusammen: selbst wenn sie alles aufbrächte, den Lebensgenuß zu steigern, ließe sie doch vom Leben nicht soviel übrig, davon Gebrauch zu machen. Sie bereitete auf etwas vor, was niemals kommt. Darin ist die Versuchung gut begründet, sie müsse dann eben selbst der Inbegriff der Lebensinhalte sein, auf die sie vorzubereiten scheint.

Der Name sollte zu denken geben: »Philosophie« *liebt* die Weisheit, und man ›liebt‹ nicht seine nackten Lebensnotwendigkeiten. Dieses Element erscheint nun nicht mehr so zufällig aus dem Schultitel »Phänomenologie« eliminiert: auf die Phänomene sind wir angewiesen, auch wenn die *Reduktion* sie aus der Weltexistenz herausgenommen und der ›reinen‹ Anschauung vorgesetzt hat. Nur daß eben diese Operation alles andere als

leichthändig ist – und kein Kriterium ihres abgeschlosse-
nen Gelingens bereitsteht. Das *Leben* wendet sich gegen
sich selbst, und dem gibt der Philosoph letztendlichen
Ausdruck, indem er die ›Lebenswelt‹ thematisiert, die
doch genuin nichts anderes ist als der Inbegriff der Widerstände gegen die Reduktion.

So gesehen, ist es viel schwieriger, sich das Lebenkön-
nen *mit* der Philosophie zu denken, als es ohne sie unerträglich zu finden. Das Ziel muß einfach *jenseits* des bloßen Lebenkönnens liegen.

Die Langsamkeit der Vernunft

Über die Verwechselbarkeit anthropologischer und politischer Kategorien

> *Im Rennen der Philosophie gewinnt, wer am langsamsten laufen kann.*
> Wittgenstein (1938)

Mit dem Gebot, den Nächsten zu lieben wie sich selbst, begann eine große Heuchelei, denn Unerfüllbarkeit steht ihm auf der Stirn geschrieben. Es mag Menschen gegeben haben und geben, die andere lieben können wie sich selbst – dann täten sie es nicht in Erfüllung eines Gebots. Sie tun es unter der Macht eines Bedürfnisses, auch einer überquellenden Kraft. Man kann nicht lieben, *weil* es geboten ist; man kann es nicht einmal, *wenn* es geboten ist, von wem auch immer.

Sowenig sich Liebe gebieten läßt, sowenig läßt sich Abneigung verbieten. Nicht einmal, wenn einer sie sich selbst austreiben will. Es ist ein Märchen, aus Abneigung oder Ungunst entständen Verfolgungen und Morde, als ob aus Sanftmut und Zuneigung jemals Frieden hätte hergestellt werden können. Haßten sich die Völker, die sich bekriegten? Kannten sie sich genug, um sich nicht zu mögen? Hätte es sie befriedet, einander besser zu kennen?

Nicht einmal in der privaten Sphäre entstehen Morde aus Antipathie, kommt Frieden aus der Genauigkeit des Einander-Kennens. Im Gegenteil: Menschen sind nicht so, daß es ihrem Verhältnis zueinander guttut, sich genau zu kennen. Daher liebt es sich so gut im Abstrakten. Wann hätte je die berüchtigte ›unüberwindliche Abneigung‹ den Gattenmord produziert? Eher die unüberwindliche Zuneigung zu einem anderen virtuellen Gatten.

Es ist einfach töricht, einen graduellen Übergang von der Antipathie zur tödlichen Feindschaft anzunehmen. Wo dies geschieht, hat man es mit einer Präsumtion zugunsten erzieherischer Einwirkung zu tun. Also mit der Theorie für die Praxis von Leuten, die sich zutrauen und zutrauen lassen möchten, dem großen Übel der Unfriedlichkeit unter den Menschen abzuhelfen. Den Erziehern im weitesten Sinne die Weltaufgabe der Friedenserhaltung übertragen zu lassen, ist so etwas wie die Standesaufgabe der in ihrem Rücken gewirkten Theoreme.

Die deutsche Doppelwortherrlichkeit hat daraus die ›Friedenserziehung‹ gemacht und, wie es sich inzwischen versteht, ›curricular verortet‹. Das wäre eine noch im Erziehergeltungsinteresse harmlose Treuherzigkeit, wenn es nicht die Entschärfung des Problems implizierte: seine theoretisch verkappte Nivellierung zwecks Kompetenzerweiterung. Der qualitative Hiatus klafft zwischen Abneigung und Abschlachtung, zwischen Unlust und Mordlust, sogar noch zwischen Vorurteil und Aburteilung.

Der Schritt, auf den alles ankommt, wird von der Antipathie zur Kausaldenomination getan: Eine universale Quelle aller Übel und Nöte wird gefunden und auf eine schon durch Unliebsamkeit ausgegrenzte Menschengruppe projiziert. Aber die Ausgrenzung disponiert nicht zur Funktion der generellen Ursächlichkeit. Es gibt immer rivalisierende ›Anwärter‹ auf die Rolle des Generalbösewichts. Denn es gibt die rivalisierenden ›Welträtsellöser‹, die alles auf den einen Nenner zu bringen und daher die eine Lösung anzubieten wissen. Gewiß hätten sie kein Publikum, gäbe es nicht Quälendes und Unerklärliches genug.

Erst die Herleitung der Weltübel aus *einer* Wurzel gibt die Lizenz zum Ungeheuerlichen, drängt zu Heilstaten und verspricht den Tätern gutes Gewissen, sofern sie es benötigen, läßt zumindest an Quarantänen gegen übermächtige Infektionen denken. Der Befreiergestus beim Mord hat nichts mit alten Antipathien zu tun: Ein *Mittel* wird angewendet, das auf einer *Diagnose* beruht. Der Ausdruck ›Hygiene‹ bekommt metaphorischen Verstand. Das Ungreifbare, repräsentiert durch das Bakterium, wird im Jahrzehnt vor der Jahrhundertwende zur ›absoluten Metapher‹: 1894 entdeckte Alexandre Yersin (1863–1943) in Hongkong den Erreger der Pest und damit der einzigen Seuche, an der die Menschheit beinahe ausgestorben wäre – ein halbes Jahrtausend zuvor.

Mußten von der Art der rasch hintereinander entdeckten ›Erreger‹ nicht auch die Ursachen anderer Plagen sein? Adolf Hitler, selber von dieser Bakteriophobie geprägt, beherrschte die Rhetorik der Ansteckung und sprach damit ein Muster an, von dessen Plausibilität Welträtsellösungen profitieren mußten. Auch wie man sich zu schützen hatte: durch Desinfektion.

Will man nicht von Liebe sprechen, spricht man politisch gern von ›Freundschaften‹. Aber kein Vertrag, kein Gesetz, keine Klugheitsregel, nicht einmal die heute so gern genannte ›Strategie‹ können Freundschaft hervorbringen. Fraglich ist sogar, ob Gelegenheit sie wie bei Arten der ›Liebe‹ schaffen kann. Wenn Staatsverträge als solche der ›Freundschaft‹ bezeichnet werden, ist das Etikettenschwindel; es sind Vereinbarungen verdichteter Konsultationen in unwichtigen Fragen – denn jeder weiß, wenn es für ihn darauf ankommt, wird er handeln, ohne zu konsultieren. Jeder weiß es, keiner sagt es – es gibt rhetorisches Schweigen.

Freunde zu haben oder solche zu suchen, kann nicht Inhalt von Politik sein. Sowenig die Mitglieder einer Partei, die sich als ›Freunde‹ anreden, dies untereinander sind. Wozu sollten sie es sein? Weil man etwas füreinander tun muß? Gerade das sollte nicht die Funktion der Partei sein. Freundschaft ist eine unpolitische Kategorie. Carl Schmitt hatte zwar vom elementaren Freund-Feind-Unterschied als politischem Dualismus gesprochen, aber doch *sensu stricto* nur den Feind *gemeint*. Politisch gilt eben: Wer nicht gegen mich ist, ist für mich. Dabei braucht man sich nicht zu mögen. Sowenig man den politischen ›Feind‹ hassen muß, nur weil man es ihm nicht verraten würde, man täte es nicht.

Alles Politische ist eben eine abgeleitete Realität, und ihre Kategorien sind es auch. Nur bringen sie bei dieser Ableitung nicht alles von ihrer Herkunft mit. Freundschaft gibt es zwischen Menschen, zweifellos, nicht zwischen Völkern. Dennoch wird man nicht aufhören, von solchen Freundschaften zu sprechen, sie zu beschwören, an sie zu appellieren – einfach weil nur dies jeder ›aus eigener Anschauung‹ weiß, wie es ist und was darauf ruhen kann, und etwas ›gestiftet‹ wird, was es politisch auch nicht gibt: Vertrauen.

Es ist ein Witz der politischen Sprache, daß man ›vertrauensbildende *Maßnahmen*‹ erfunden hat. Doch beruhigt es darüber, daß aus politischen Handlungen überhaupt etwas herauskommen kann. Wenn Vorsicht geboten erscheint, so aus der Einsicht heraus, daß nichts derart imstande ist, Feindschaften zu erzeugen, wie gebrochenes Vertrauen, enttäuschte Liebe, getrogene Freundschaft. Besser also zu unterstellen, es könne so schlimm nicht werden, weil es die Voraussetzung gar nicht gegeben habe.

Das Risiko der Freundschaft, so sie denn entstehen könnte, wäre zwischen Völkern viel zu groß, als daß man es eingehen dürfte; ohne sie sind die einst als ›diplomatisch‹ bezeichneten Verstimmungen nicht vom Umschlagen ins Gegenteil bedroht. Es gibt Leute, die damit nicht zufrieden sind, daß die Völker nicht auf einander losschlagen, wenn und weil sie gerade Besseres zu tun oder auch nur Angst vor den Waffen haben; sie möchten ein Mehr an Gesinnung. Auch nicht ohne Grund, weil sie der Stabilität des Stillhaltens eher trauen, wenn sie von edleren Motiven unterfangen ist.

Es *darf* einfach nicht viel davon abhängen, ob die Leute oder die Völker sich mögen. Sie müssen sich nicht mögen dürfen, ohne daß daraus etwas Mörderisches entsteht. So gilt es für jede Rechtsordnung. Die unzufriedenen Friedensfreunde, die mit dem Zustand des nichtfließenden Blutes noch nicht genug haben, denken in den Bildern eines messianischen Reiches, in dem Wolf und Lamm miteinander weiden. Die kleine Unwahrscheinlichkeit, daß der Wolf dabei überleben kann, indem er Gras frißt, wird hingenommen, obwohl sie doch an den Zeitpunkt denken läßt, an dem die Wölfe vom Aussterben bedroht sein werden und sich die Wolfsfreunde zusammentun müssen, um von irgendwoher Lämmer für die Wolfserhaltung zu beschaffen – die Lämmer von anderen Weiden natürlich. Man merkt, daß es ein anderer sein mußte, der sich den messianischen Zustand ausgedacht hat, als der, der sich die Natur ausgedacht hatte. Der Misanthrop E. M. Cioran hat die kleine Variante des Paradiesmythos erfunden, die diese Differenz in die biblische Urgeschichte einschmuggelt: *Wir wissen, daß die Tiere es sich im Paradies gutgehen ließen bis zu dem Tag, an dem eines seinen Zustand nicht mehr hinnahm, auf sein Glück verzichtete und Mensch wurde. Auf diesem ersten Ungehorsam ist die Geschichte schlechthin gegründet.* Und die Tierfabel, möchte man hinzufügen.

Das Bedenkliche liegt nicht einmal in der ›Verstärkung‹ des Politischen durch das Moralische und Emotionale, wovon man doch sagen dürfte, es könne auch wiederum nicht schaden. Bedenklich ist die Umkehrbarkeit: Wo Verbrechen gegen das Menschenrecht und Mord gewütet haben, wird ein Mangel an prohibitiver Gesinnung, an Vorurteilsvorbeugung, an Erziehungseinwirkung verantwortlich gemacht. Dabei und dadurch wird die quasi-theoretische Wurzel der Welterklärung in ihrer drängenden und legitimierenden Funktion ausgeblendet. Wie kommt es dazu? Die Hypothese ist fast zu simpel, um sie auszusprechen: Theoretiker haben es nicht gern, daß Theorien eine schlimme Rolle spielen können, zumal Theorien des ganz großen Zuschnitts, der globalen Kausalzuweisungen.

Die tödliche Drohung lebt nicht von Emotionen, vom Nicht-mögen; sie lebt vom Kausalmythos der Weltschuld, die sich auf einer Skala von der ›Verschwörung‹ bis zur ›Vergiftung‹ entwickeln kann. Von Unbehagen bis Unglück alles *einem* Untäter angelastet zu sehen, befriedigt nicht nur bürgerliche Hirne; es stimuliert oft noch nicht zum Mord, läßt aber diesen passieren nach einem *ius talionis*, dem genauer auf die Finger zu sehen, die Untergründigkeit solcher Welteinträtselungszusammenhänge ohnehin verwehrt. Bei dieser Spezifikation der Rechtfertigungen zum Äußersten schafft das Laborieren an Vorstufen und Übergängen die falsche Beruhigung, das Übel noch im Werden zu erwischen. Sie liefert der Überraschung aus, es ungemindert emporschießen zu sehen, vor seiner Gewalt nur noch zur Resignation fähig zu sein. Es hatte nichts geholfen, dagegen gewesen zu sein; dann würde es erst recht nichts helfen, noch dagegen zu sein.

Vor Jahrzehnten erbat der Präsident einer wissenschaftlichen Institution, die, einen der wichtigsten unedierten Texte der Aufklärung herauszugeben, sich entschließen wollte, ein Gutachten zur Frage, ob denn der Autor mit seinen vielen unfreundlichen bis abwertenden Äußerungen über das Volk des Alten Testaments überhaupt ediert werden dürfe. Die Antwort konnte nur sein, es sei gerade höchst aufschlußreich, daß die Vernunft der Aufklärung ihren eigenen Grund und Anlaß gefunden habe, jene Abwertung der vom Christentum eingeführten und verteidigten heilsgeschichtlichen Rolle des Judentums vorzunehmen, ohne daß eine den christlichen Nachstellungen vergleichbare Feindseligkeit hervorgerufen wurde. Die Abfälligkeit diente der Kritik an der Bibel nicht nach ihrer historischen Zuverlässigkeit, sondern nach der moralischen Qualität ihres Gottesbegriffs und des Adressaten der Verheißungen. Zu fragen, ob dieses Volk würdiger war als andere, die vermeintlichen Offenbarungen des Allerhöchsten zu empfangen, lief auf eine kräftige Zurückstutzung der theologisch konkludenten Auszeichnungen hinaus. Die Überhöhten gleichzumachen, war Religionskritik, aber zugleich Vorbereitung darauf, die sonst noch Ungleichen gleichzumachen. Es war leicht, den Finger auf die ethischen Makel der Patriarchen und Könige zu legen und daraus zu folgern, solche Leute könnten unmöglich Bestimmungsträger einer höheren als der gewöhnlichen göttlichen Absicht mit der Gattung sein.

Rhetorik der Aufklärung, ob bei Voltaire oder bei Reimarus, bietet keine Indizien für einen Verfolgungsdrang. Darin darf man Lessing als dem Propagator der verheimlichten »Schutzschrift« für die vernünftigen Verehrer Gottes« nicht ohne weiteres eine Sonderstellung zuweisen, weil auch ein der besonderen Zuwendungen Gottes Unwürdiger immer noch nicht ein der Menschenrechte Entblößter sein darf. Der aberkannte Anspruch auf Besonderheit ist von entgegengesetzter Intention; das wußte am besten der Freund des Moses Mendelssohn und der Elise Reimarus. Erst ein durch monströse Erfahrungen geschärfter Rückblick läßt die Gegensteuerungen zur ›Heilsgeschichte‹ isoliert heraushören und bedenklich mustern.

Auf ein dubioses Argument für diese These muß verzichtet werden: Die ideologische ›Generalkausalität‹ hat ihre Verfechter, sogar ihre Fanatiker nie daran gehindert, ›Ausnahmen‹ zu machen. Das scheint gegen die psychologisch-emotionalen Antriebe des Rassismus zu sprechen: Für den Doktrinär *ist* der einzelne kein Teil des Ganzen, kann sogar die Ausnahme sein, die die Regel bestätigt. Was das als anekdotische Inkonsequenz erscheinende Ausnahmerecht zum Symptom des waltenden Mechanismus macht, ist die Umkehrbarkeit, durch die einer sich die Rettung seiner Ausnahmen zugute hält, obwohl doch das generelle Verdikt ihn ›gegen alle‹ hätte innervieren müssen.

Wenige entkommen zu lassen, wird unversehens zum Ausgleich dafür, viele gemordet zu haben. Aber dies ohne Haß, aus der höheren und höchsten Notwendigkeit der Selbsterhaltung – da wird der quasi-theoretische Rückhalt noch verstärkt. Daß entschiedene Antisemiten lebensgeschichtlich widersprechende Freundschaften unterhielten, Sympathien hatten, sogar riskante Hilfe leisteten – immer für einzelne und immer mit der Geste der Aussonderung aus dem Ganzen –, setzt den Gunsterweis ins Zwielicht des Machtbeweises: So tut, *wer* es sich leisten kann, um zu erweisen, *was* er sich leisten kann. Die Macht zu bestimmen, wer Ausnahme sein oder es gar nicht gewesen sein soll, ist von einem fatal falschen Glanz.

Nicht zufällig ist von dem wegen seiner Jovialität beliebten Hermann Göring das Wort überliefert (vielleicht sogar nur auf seine ostentative Dominanz erfunden): Wer Jude ist, bestimme ich. Macht hat, wer Ausnahmen gerade dort machen kann, wo sie unmöglich erscheinen. Sie ungestraft und ungescholten zu vollziehen, ist in einem ideologisch fixierten System vor allem die Herausforderung der Rivalen, denen zu zeigen ist, was *sie* nicht dürften. Einer verschafft sich die Insignien seiner Unanfechtbarkeit; doch wird sein Konto mit jedem derartigen Ausnahmeakt für den Moment der leisesten Schwäche belastet. Um ein Haar wäre Göring bei seinem Sturz noch am Ende ereilt worden von der aufgelaufenen Rechnung bei seinen Konkurrenten um die Führergunst, hämisch ausgespielt in der Enge des Bunkers unter der Reichskanzlei als diejenige ›Unzuverlässigkeit‹, die schließlich alle anderen Insuffizienzen noch zu ›erklären‹ vermochte. Die Exekutoren des Buchstäblichen wurden die Paladine der letzten Stunde.

Man muß nicht mögen dürfen. Davon machen leicht und fast unangefochten die modischen Misanthropen, zumal die apokalyptischer Konnotationen, Gebrauch. *Den* Menschen nicht zu mögen, in ihm die Generalkausalität für den Naturverschleiß zu orten, erleichtert die ›Kultur‹ von Cliquen, in denen sich die Ausnahmen definieren und vereinigen. Sie sind so etwas wie die Erfolgsexemplare des mißlungenen Großunternehmens der sechziger und siebziger Jahre, *den* Menschen gesellschaftlich zu renovieren.

Gerade weil es vergeblich war, ist es nicht *ganz* vergeblich gewesen. Und diese Erfolgselite bestimmt nun auch, wen man nicht nicht zu mögen hat. Meistens leben sie in solcher Ferne, daß man nicht genauer feststellen kann, was sie zu Ausnahmen der Misanthropie macht. Im Blick auf die exotischen Ausnahmen verschwindet leicht das Naheliegende, daß es auch nach der anderen Seite hin so etwas wie exemplarische Vertreter der Nichtausnehmbarkeit, also der Verächtlichkeit dieser Gattung, geben wird. Wie sollte es anders sein?

Und es gibt sie dann auch wirklich, die ›Prototypen‹ der negativen Antwort auf die Seinsgrundfrage: Wenn es diese gibt, wäre es besser, es gäbe überhaupt keine oder gar überhaupt nichts. Die Leibnizfrage *Cur aliquid potius quam nihil?* hängt eng mit der Selektivität der Wahrnehmung und ihrer ›Auslegung‹ durch Allerklärungstheoreme zusammen. Die Generalkausalität für Übel und Unbehagen schließt den Widerspruch gegen das

Prinzip des zureichenden Grundes ein: Es gibt keine Rechtfertigung für die Welt – weshalb sollte sie Anspruch auf Fortbestand haben? So beginnt man, sie symbolisch zu demolieren.

Ist also die Aufklärung gescheitert? Jede voreilige Antwort ist deshalb bedenklich, weil sie impliziert, daß sie hätte gelingen können. Was den Aufklärungen fehlt, ist Zeit. Und man läßt sie ihnen nicht, weil sie selbst den Faktor zu überschätzen lehren, der sie betreibt: die Vernunft. Weshalb sollte sie schneller arbeiten als alle Faktoren, die an der Anthropogenese beteiligt waren? Sie ist langsam, weil an ihrem ›Erfolg‹ der Fortbestand der Gattung nie gelegen hat. Im Gegenteil: Ihr endliches Obsiegen könnte der letzte, wenn auch schönste Akt der Gattungsgeschichte von *homo sapiens sapiens* sein. Aber ihre Langsamkeit enttäuscht alle, deren Lebenszeit zu kurz ist, um sich das Warten auf deutlichere Wirksamkeit leisten zu können. So werden die Anhebungen des Niveaus immer wieder abgebrochen.

Vom alten Clemenceau, der die beherrschende Figur der französischen Dritten Republik gewesen war und sowohl die Dreyfusrevision als auch die Niederhaltung Deutschlands nach dem Ersten Weltkrieg betrieben hatte und 1929 starb, hat sein Sekretär Jean Martet den Ausspruch notiert: *Ein Volk braucht ungefähr tausend Jahre, um zu verstehen, daß ein Mensch ein Mensch ist.* Ist es das, was der Misanthrop nicht erträgt?

Kein Sokrates

Ob Reisen bildet, darf zumindest als umstritten bezeichnet werden, auch wenn ein Gereister manches genauer weiß als ein Ungereister. Daß Reisen nicht aufklärt, scheint mir nachprüfbar zu sein, wenn man Behebung von Vorurteilen als Kriterium von Aufklärung nimmt. Die meisten Heimkehrenden fanden es sehr interessant, aber doch mit der Zugabe, die Vorzüge ihres ständigen Wohnsitzes mit engerer und weiterer Umgebung bestätigt zu finden.

Der Berliner Buchhändler und -macher Friedrich Nicolai war gründlich gereist und hatte seine Resultate in den zwölf Bänden seiner »Beschreibung einer Reise durch Deutschland und die Schweiz nebst Bemerkungen über Gelehrsamkeit, Industrie, Religion und Sitten« (1783–1796) niedergelegt. Er war dabei Aufklärer geworden – mit der Frontstellung der Berliner gegen die Königsberger Aufklärung sowie die noch andernorts. Aber aufgeklärt war er, genauer besehen, nicht. Die Existenz von Gespenstern war ihm so gewiß wie die der Vernunft. Daß er die seine als die ›gesunde Vernunft‹ gegen die ›kritische‹ und andere Vernunften rhetorisierte, stigmatisiert ihn noch nicht als aufgeklärt. Es macht immer mißtrauisch, wenn Leute zu genau wissen, was gesund ist. Man muß es *sein*, dann braucht man es nicht zu *wissen*.

In dem Lebensbericht »Über meine gelehrte Bildung« von 1799 hat Nicolai in einer Anekdote das Resümee intellektueller Erfahrungen gegeben. Im holländischen Delft habe sich eines Morgens ein Matrose an einen der

Durchgänge zum Markt mit starkem Durchlauf gestellt. In der linken Hand hielt er einen Hering, in der rechten eine Sparbüchse, die er den Vorübergehenden hinhielt mit der Aufforderung, ihm zu sagen, welches das beste Stück an einem Hering sei. Sonst galt die Forderung: »Oder Ihr sollt einen Deut in die Sparbüchse stecken.« Ein Deut war so wenig, daß die Leute sich gern auf die Konkurrenz einließen und den Kopf, das Mittelstück oder sonst ein gefälliges Teil des Herings bezeichneten. Bei jeder Antwort schüttelte, wenn man Nicolai glauben darf, der Matrose den Kopf und bekam den Deut in die Büchse; man suchte keinen Streit oder nahm an, daß er ihn suchte. Am späten Abend war die Büchse gefüllt, und der Matrose wollte sich gerade zur Nutznießung seines Ertrages wenden, als endlich jemand sich das Herz faßte zu fragen: »Ihr sagt uns immer wir wissen's nicht, was das beste Stück ist, so sagt Ihr es uns doch endlich einmal, damit wir's wissen.« Der Matrose mußte zugeben, er wisse es auch nicht. Damit aber alles seine Ordnung bekam, erlegte er selber die Konventional-strafe, steckte einen Deut in die Büchse und ging mit ihr fort.

Dies wird nun für Nicolai zur Parabel auf die zeitge-nössische Philosophie: *Das ist gerade die Geschichte von dem* ursprünglichen Bewußtseyn, *von den* Entelechieen, *von den* Kategorieen, *von dem* Dinge an sich, *von dem* ursprünglichen Verstandesgebrauche, *von dem* unbe-greiflichen Imperativ, *von dem* höchsten Gute *das in der Moral ohne Moral durchaus gesucht werden* soll, *damit die Tugend den nöthigen Antheil an* Glückseligkeit *er-halte, von dem* Setzen des absoluten Ichs durch einen Ur-Satz, *der kein Satz sondern eine Handlung ist, und von der* moralischen Weltregierung, *welche* sich selbst nicht zu regieren weiß.[1] Da ist alles aufgereiht, was es an Schmähwürdigkeiten in der Philosophie des ausgehenden Jahrhunderts der Aufklärung gab. Das Vergleichsfähige liegt darin, daß der Matrose von Delft seinen Hering vorzeigt und damit eine Frage verbindet, die alle nicht beantworten können, sich aber damit zufrieden geben, er werde sie schon geben können. Doch als er sie geben soll, kennt er sie nicht und bestraft sich wie alle anderen zuvor. Gelogen hatte er nicht, denn er war ja bis zum Ende seiner Mission nicht gefragt worden.

Er könnte der Sokrates von Delft sein. Er beweist den anderen, daß sie nichts wissen, und gesteht schließlich zu wissen, daß er nichts weiß. Auch daß die anderen dafür bestraft werden, nichts zu wissen, verfehlt das Vorbild nicht, denn Sokrates strafte die der Unwissenheit Überführten mit Lächerlichkeit.

Das hätte der Delfter Matrose vielleicht auch gern getan, doch hatten im Durchgang zum Markt die Leute keine Zeit, sich lächerlich machen zu lassen, und eher das Geld, um es sich zu ersparen. Der Deut war nur eine Ersatzleistung für das, was einem im Umgang mit Sokrates blühte, wenn man so viel Muße hatte wie die athenischen Bürgersöhne. Sie hätten sich um keinen Preis von diesem Zeitvertreib loskaufen wollen. Nur eins paßt nicht ins Urbild: Sokrates hätte nie für Erfolg seiner Tätigkeit Honorar genommen. Das Vergehen des holländischen Seemanns lag darin, daß er das Eingeständnis seiner Unwissenheit sich mit Geld honorierte. Um einen ganzen Deut war er hinter Sokrates zurückgeblieben.

1 Friedrich Nicolai, »Über meine gelehrte Bildung«, Berlin/Stettin 1799, S. 261 f.

Das Sein – ein MacGuffin

Unter Filmweltbewohnern kursiert der ›MacGuffin‹ wie eine Vokabel, für die man kein Wörterbuch benötigt, mit dem augenzwinkernden Einvernehmen, sie würde auch nicht drin stehen.

Was ein MacGuffin ist, könnte alle Welt wissen, seit 1966 der Dialog zwischen Alfred Hitchcock und François Truffaut, den Meistern des filmischen ›Thriller‹, erschien. Truffaut hatte Hitchcock danach gefragt und darauf gehörige Antwort erhalten.

Das Gehörige der Antwort ist zu betonen. Sie hätte genausogut ungehörig sein können, da die Preisgabe seiner Mittel immer ein Risiko für die Existenz des Zauberers ist. Das Geheimnis des MacGuffin ist, daß die Preisgabe seines Namens die Spannung nur noch erhöht, ihn im jeweiligen Fall zu identifizieren. Was wiederum den Meister herausfordert, logische Verborgenheit in optische Präsenz zu steigern. Anders ausgedrückt: Das für eine Geschichte Bedeutungslose erhält die Auszeichnung optischer Bedeutsamkeit.

Um dieses Requisit plausibel zu machen, erfindet Hitchcock eine Unterhaltung zwischen zwei Männern in der Eisenbahn, wobei der eine den anderen fragt, was es mit dem Paket auf sich habe, das er ins Gepäcknetz gelegt hatte. Darauf der Gefragte: »Ach das, das ist ein MacGuffin.« Auf Rückfrage: Das sei ein Apparat, um in den Bergen der Adirondacks Löwen zu fangen. Darauf der erste: »Aber es gibt doch überhaupt keine Löwen in den Adirondacks.« Nochmals der andere: »Ach, na dann ist es auch kein MacGuffin.« Dies, schließt Hitchcock, zeige die Leere des MacGuffin. Aber genügt es, daß er leer ist?

Dann brauchte es das Paket im Gepäcknetz, das den Dialog in Gang gebracht hatte, überhaupt nicht zu geben; aber in Gang mußte er kommen, denn er beschäftigt beide für einige Zeit.

In dem nur durch seine Identität ausgezeichneten MacGuffin kondensiert sich ein Geheimnis, das für die Spanne der Handlung jeden Aufwand, jede Betriebsamkeit, jede Menge Leben rechtfertigt. Ein Mann ist Träger einer vorgeblich ungeheuer wichtigen Kenntnis, eines Stoffes, einer Formel, einer Skizze; aber es kommt nicht darauf an, sein Geheimnis am Ende zu enthüllen – es ist nicht einmal zulässig, soll die Enttäuschung vermieden werden, daß es ganz unsinnig war, es bei dieser Sache auf Leben und Tod ankommen zu lassen.

Am besten ist, der Besitzer des Geheimnisses geht mit ihm unter. Die Spannung der Handlung war die Funktion des MacGuffin als einer unbestimmbaren Größe. Hitchcock kann das auch ohne die Geschichte auf seine Erfahrung mit der Erzeugung von ›Suspense‹ bringen: *Aber das Wichtigste, was ich im Lauf der Jahre gelernt habe, ist, daß der MacGuffin überhaupt nichts ist. Ich bin davon überzeugt, aber ich weiß aus Erfahrung, daß andere davon schwer zu überzeugen sind. Mein bester MacGuffin – darunter verstehe ich: der leerste, nichtigste, lächerlichste – ist der von »North by Northwest«.* Das war ein Spionagefilm von 1959 gewesen, in dem die alles beherrschende Frage, was die Spione suchen, mit der Angabe ausgeht, es sei das Handelsobjekt der imaginären Import-Export-Agentur. Der Zuschauer erfährt nicht mehr, als daß es aus ›Regierungsgeheimnissen‹ bestand. *Sehen Sie*, schließt Hitchcock, *da haben wir den MacGuffin, reduziert auf seinen reinsten Ausdruck:*

nichts.[1] So kann es zur Identität von Sein und Nichts kommen. Man begreift, daß auch die Philosophen ihre MacGuffins hatten und haben müssen, um die Arbeit des Denkens sowie die Lust an ihrem Resultat zu erhalten.

Der legendäre zweite Teil von »Sein und Zeit« ist nie geschrieben worden, weil er nicht geschrieben werden durfte. Wer die Zurüstungen für die Expedition in das Zentrum des vom Dasein verstandenen Seins jemals auf sich wirken hat lassen, zittert vor der Banalität dessen, was am Ende aller Daseinsanalysen und inmitten des Zauberkreises ›Zeithorizont‹ zutage gefördert werden könnte.

Der Verfasser des noch immer bedeutendsten philosophischen Werks dieses Jahrhunderts muß sich bewußt geworden sein, daß er alle Bedeutsamkeit riskierte, wenn er sich nicht entschloß, es Fragment bleiben zu lassen. Dazu war freilich nötig, den Abbruch der fundamentalontologischen Expedition unter die Nötigung höherer Mächte zu stellen. Sie geboten mit überwältigender Dringlichkeit, anderes zu tun: sich dem Geschick des Denkens zu unterwerfen.

Schnell fanden sich Genossen der Frühzeit, denen die Tradition zum Fragment gemacht hatte, was allein noch ihre Ahnung vom Ursprung dunkel übermittelte. So wurden die Vorsokratiker, zumal Parmenides und Heraklit, zu hermeneutisch verpflichtenden Schicksalsgenossen des Denkens im Abbruch seiner hochgemuten Intentionen.

Der MacGuffin des Seins tat seine Schuldigkeit. Die Wirkung blieb nicht aus, das Publikum folgte atemlos.

---

1 François Truffaut, »Mr. Hitchcock, wie haben Sie das gemacht?«, München 1973, S. 127.

Einige, die vom MacGuffin nichts gehört haben, werden noch immer von ihm umgetrieben.

Ist dieses Spiel verboten? Schwerlich. Das Verschwinden der MacGuffins aus der Welt brächte ihre Bewegung zum Stillstand. Die Mittel heiligen den Zweck, die unterwegs enthüllten Geheimnisse das unenthüllt Bleibende. Die schuldig gebliebene Antwort auf die Frage nach dem Sinn von Sein hat die Anstrengung ausgelöst, dem menschlichen Dasein die Einheit seiner Äußerungen und Verhaltensweisen abzufragen. Auf dem Weg gab es Verweilen – und Verweilen erwies sich als der Sinn des Weges.

Es gibt keine Löwen in den Adirondacks. Aber wehe dem Reisenden, der zweifelt, im Gepäck seines Fahrtgenossen befinde sich Fanggerät für die Löwen dort. Er hat für ein billiges Wissen die Spannung verkauft, die in langen Stunden der Reise beim Blick auf das rätselhafte Gepäckstück sich aufbauen muß. In dem Gepäckstück werde dann eben kein MacGuffin sein, wenn er von vornherein wisse, die behauptete Funktion gehe ins Leere. Langeweile wird die gerechte Strafe für einen sein, der sich nicht zum ›Suspense‹ verführen lassen will – so wie für den, der die Frage nach dem Sinn von Sein für sinnlos hält, die Zurüstungen zur Expedition in die *terra incognita* des Seinsverständnisses nur gähnende Langeweile entstehen – oder besser: bestehen – lassen können.

Langeweile ist, wenn das Feuer aller Feuer als Strafe aller Strafen verloren gegangen ist, die bleibende Optimierung des Überdrusses am Dasein. Für sie gibt es keinen dringenderen Wunsch als den, gestört zu werden. Neugierde ist Störung der Langeweile. Der MacGuffin ist deren Epiphanie.

Affinitäten und Dominanzen

Als sich 1929 in Davos Ernst Cassirer und Martin Heidegger zu einer Disputation trafen, geschah es nach Heideggers Absicht, damit sich das, was »Sein und Zeit« zwei Jahre zuvor als ›Fundamentalontologie‹ mit der Frage nach dem ›Sinn von Sein‹ begonnen hatte, endgültig von der Theorie der ›symbolischen Formen‹ unterscheiden ließ, deren dreibändige Darstellung Cassirer im Juli desselben Jahres – so das Vorwort datiert – abgeschlossen hatte. Beide Denker hatten sich also gerade in voller Reichweite ihrer Arbeit absehbar gemacht.

Der großen Disputation von 1929 war eine kleinere 1923 – im Jahr des Erscheinens des ersten Bandes der »Philosophie der symbolischen Formen« Cassirers – vorausgegangen, von der man durch eine Anmerkung Heideggers zum § 11 von »Sein und Zeit« weiß. Heidegger hatte vor der Kantgesellschaft Hamburg im Dezember 1923 einen Vortrag über »Aufgaben und Wege der phänomenologischen Forschung« gehalten und in der darauffolgenden ›Aussprache‹ (so hieß das damals) *Übereinstimmung in der Forderung einer existenzialen Analytik* mit Cassirer festgestellt, wie er sie in dem Hamburger Vortrag ›skizziert‹ hatte.[1] Dann allerdings war 1925 der zweite Band über »Das mythische Denken« erschienen (Vorwort datiert Dezember 1924), und Heidegger vermißte den ›Erfolg‹ seiner Hamburger Umwerbung des Autors. Der Ethnologe möge *umfassendere Leitfäden* bekommen haben, dem Philosophen

---

1 Martin Heidegger, »Sein und Zeit«, Halle ⁵1941, S. 51, Anm.

bleibe die Frage, *ob die Fundamente der Interpreta-*
tion hinreichend durchsichtig seien. Der verspätete Meta-
phorologe wird mißtrauisch, wenn die Eigenschaft der
Durchsichtigkeit von *Fundamenten* verlangt wird, zumal
die Metapher ›Fundament‹ nicht unbesehen in den Text
gekommen ist, denn es wird weiter gefragt, ob die ›Architektonik‹ von Kants Kritik der reinen Vernunft – und
gemeint ist nicht der Titel des knappen vorletzten
»Hauptstücks« der »Transzendentalen Methodenlehre«,
der nur zufällig auch »Architektonik der reinen Vernunft« heißt – überhaupt den *möglichen Aufriß für eine*
solche Aufgabe bieten könne oder, falls nicht, ob es dazu
nicht eines *neuen und ursprünglicheren Ansatzes* bedürfe. Das ist ungefähr die Kurzfassung der Rezension,
die Heidegger über diesen Band in der »Theologischen
Literaturzeitung« publiziert hatte.

Den einzigen Akt der ›Unterwerfung‹ unter das neue
Programm der Verbindung von phänomenologischer
Forschung und ›Existenzialanalytik‹ erkennt Heidegger
in einer Anmerkung zur Einleitung des Bandes, in der
Cassirer zu den *grundlegenden Verdiensten der Husserl-*
schen Phänomenologie zählt, daß sie durch ihre *scharfe*
Trennung der psychischen ›Akte‹ von den in ihnen inten-
dierten ›Gegenständen‹ den Blick geschärft habe für die
Verschiedenheit der geistigen ›Strukturformen‹. Man
spürt, wie Cassirer die Phänomenologie Husserls um ein
gutes Stück an seinen Begriff der ›symbolischen Formen‹
heranzieht, weshalb auch Heideggers Akzeptation in der
Anmerkung von »Sein und Zeit« nicht weiter geht, als
Cassirer zu bescheinigen, daß er *auf die von Husserl er-*
schlossenen phänomenologischen Horizonte hinweist.
Tatsächlich hatte es Cassirer nicht auf den ›ursprüngli-

cheren Ansatz‹ abgesehen, sondern auf die Erweiterung des kantianischen Kategorienbegriffs der Erkenntnistheorie zu einem Strukturbegriff der Kulturleistungen insgesamt. Darin lag für ihn das Entscheidende, wie Husserl die *Aufgabe der Phänomenologie* bestimmt hatte, daß die sich *in der Analyse der Erkenntnis nicht erschöpft*, sondern *die Strukturen ganz verschiedener Gegenstandsbereiche rein nach dem, was sie ›bedeuten‹, und ohne Rücksicht auf die ›Wirklichkeit‹ ihrer Gegenstände* zu untersuchen aufgibt. Wobei eben zwangsläufig das Wörtchen *auch* zum Signal von ›Erweiterung‹, nicht von ›Fundierung‹ wird. So kommt eben *auch die mythische ›Welt‹* in ihren Kreis als das, was *noch* zu tun wäre, da es die Phänomenologie noch nicht getan hat, so daß wiederum eine ganze – freilich in Anführungszeichen gesetzte – ›Welt‹ der Erfassung *in rein ›ideierender‹ Analyse* harrt. Heideggernähe zeigt sich daran, daß der Ausdruck ›Analyse‹ dem der phänomenologischen ›Anschauung‹ vorgezogen ist.[2] Die Geste dieser Fußnote des zweiten Bandes vollendet sich dann im dritten, also im Jahr von Davos, der den Titel »Phänomenologie der Erkenntnis« trägt und nach der thematischen Ausweitung nun die ›Konkurrenz‹ im Kern der klassischen philosophischen Kompetenz aufzunehmen scheint, was statt der Gebärde der Demut eher die der Herausforderung impliziert. Das war ernstzunehmen auch als ›Polarisierung‹ der deutschen philosophischen Landschaft: Hamburg formierte sich als ›Schulzentrum‹ gegen das inzwischen von Husserl an Heidegger übergegangene (übergelaufene?) Freiburg. Keine schlechte Konstellation für eine

2 Ernst Cassirer, »Philosophie der symbolischen Formen«, Bd. 2, Darmstadt ²1953, S. 16, Anm.

›die Sache‹ – die ›Rückkehr zu den Sachen‹ – vorantreibende Spannung.

Noch war nicht zu sehen – obwohl aus der Unterlegenheit der ›Pathosformel‹ der Frage nach dem ›Sinn von Sein‹ gegenüber der nüchternen ›Formsymbolik‹ schon herauszuhören –, wie sich die prospektive Tendenz ergeben würde. Der in jeder anderen Disziplin eher nachteilige Aspekt war der, daß »Sein und Zeit« ein Torso war und blieb, während sich die »Philosophie der symbolischen Formen« in hanseatischer Solidität abgeschlossen darbot. Dieser denkbare Vorhalt war in der Philosophie seit Heraklit und seiner frühen Fragmentierung eher ein Gewinn an unbestimmter Größe der Erwartung. Bis ins hohe Alter ist Heidegger noch nach dem Abschluß von »Sein und Zeit« gefragt worden, und seine Antworten blieben von vagem Vorbehalt jeder Möglichkeit. Daß Heidegger nach dem ›Sein‹ fragte und fragen zu lassen allem anderen vorzog, lag zunächst im Zuge der Selbstdefinition der Phänomenologie, Bedeutungen auf Anschauungen zurückzuführen und dadurch eindeutig zu machen. Auch Cassirers Problem war eines von ›Bedeutungen‹, und er selbst sah darin das Gemeinsame mit Husserl. Aber Heidegger wollte unter der Deckung des Namens ›Phänomenologie‹ den ›Sinn von Sein‹ nicht mehr als ›Bedeutung‹ des Wortgebrauchs: Phänomenologie war Analyse dessen, was ›sich zeigte‹. Die reflexive Implikation im Phänomenbegriff erlaubte oder erzwang den Übergang zur Seinsfrage: vom ›bedeuten‹ zum ›sein‹ als einem Wechsel nicht nur des Aspekts, sondern der Dignität der Frageposition. Genau 400 Jahre vor der Dissoziation von Davos hatte es in Marburg um dieselbe Grundthematik die Disputation zwischen Luther und Zwingli über die Präsenzart Jesu im Abendmahl gegeben: Sein *oder* Sinn, Substanz *oder* Funktion, Wirklichkeit *oder* Bedeutung. Man sieht, wie die von Heidegger und Cassirer verwendeten Begriffe ihre alte Antithetik endogen reproduzieren, als ginge es um ein und dasselbe, seit der ›Realismus‹ der Inkarnation und Passion des Logos seine Jahrhunderte dauernde Abwehr gegen den ›Doketismus‹ der Gnosis definitiv – gleich definitorisch – gewonnen hatte – wäre nicht das Rezidiv des Abendmahlstreites gekommen, fast unerkannt als Reprise jener frühen ›Bewahrung‹ Gottes vor der Unreinheit der Verweltlichung durch den platonischen Hilfsbegriff der ›Erscheinung‹.

Um die ›Reinheit‹ war es auch gegangen, als Husserl den Titel des ›Phänomens‹ erkor, um dem Druck zur erkenntnistheoretischen Entscheidung zu entgehen und die Methode der ›Beschreibung‹ als der adäquaten Rezeptionsart von Anschauungen gegen ›Verweltlichung‹ *qua* Psychologismus, Historismus, Anthropologismus abzuschirmen. Seine frühen Anhänger hielten ihn daher für einen ›Realisten‹, bis die »Ideen« von 1912 sie verblüfften, wie Jesu Jünger dessen ›Verklärung‹ auf dem Berge. So enthüllte sich aus der Frage nach dem ›Sinn von Sein‹ als einer genuin bedeutungstheoretischen, wie aus dem Aristotelesbuch von Brentano erlernt, das Andenken des Seins selbst bei dessen Verborgenheit – oder sogar: durch diese *hindurch*. Statt Husserl auf die ›Ursprünglichkeit‹ seiner Vermeidung der erkenntnistheoretischen Alternative zurückzuführen – etwa zu empfehlen, sich um diese nicht zu kümmern, als bestände sie nicht –, zerschlug Heidegger den gordischen Knoten, indem er sie zur Späterfindung der Philosophie selbst und damit als ›ursprünglich‹ inexistent erklärte. Aber angesichts der von Cassirer schon 1910 aufgestellten Disjunktion von »Substanzbegriff und Funktionsbegriff« entschied sich Heidegger mit Luther für die Substanz als die erste *und* einzige Kategorie, gegen die funktionale Kategorienvermehrung der ›symbolischen Formen‹ – und damit für denselben Habitus des ›Realisten‹, der Husserl seinen Zulauf in der Göttinger Frühzeit gebracht hatte. Nun ging es sogar um das Sein selber – wer wollte nicht dabei sein?

Mir kommt es darauf an, den Ausgang der Disputation von Davos nicht als ein Faktum kontingenter rhetorischer Stärkeverhältnisse oder ›mentalitärer‹ Zeitlagen und Schuldominanzen sehen zu lassen. Und gerade deshalb nicht, weil dem Entscheid auf der helvetischen Walstatt eben für künftige Rhetorik, für Affinitäten und Dominanzen, für Wahrnehmungsdefekte und Opportunitätsanfälligkeiten eine gar nicht zu überschätzende Bedeutung zukommt. Wer nur gebannt auf die Rektoratsrede von 1933 hört, wird allerdings – wie widerwillig auch – einwilligen können, es sei um Politik und nicht um Philosophie gegangen, oder um diese als bloßes *Organon* jener. Von Davos her ›zeigt sich‹, was philosophisch schon an Erblindung fürs ›Bedeuten‹ passiert war, um ›Bedeutungen‹ so unterschätzen zu können – vermeintlich zugunsten des ›Seins‹.

Die Kraftprobe von Davos – nach Bollnows, des mit Eugen Fink zusammen als ›Sekundant‹ Heideggers von diesem ausdrücklich Geladenen, Erinnerung – fand eine Woche lang derart statt, daß *beide nebeneinander, der eine am Vormittag, der andre am Nachmittag,* sprachen und dabei *geradezu als die Verkörperung der philosophi-*

schen Situation dieser Zeit figurieren konnten. War es so etwas wie eine scholastische Disputation? Was dazu fehlte, war wenigstens ein Rest des Glaubens jener Epoche der *Quaestiones disputatae*, die Macht der Wahrheit werde sich im bloßen Vorzeigen der Instrumente des Für und Wider, des *Videtur quod non* und des *Sed contra*, selber zutage fördern, wie es doch gerade noch Heideggers Auslegung des Phänomen-Begriffs *seiner* Husserlnachfolge als das ›Sichzeigen‹ in »Sein und Zeit« nahegelegt hatte – dort freilich ganz im Dienst der Verweigerung der ›Reduktion‹ als Husserls Urgewalttat des Zugriffs aufs Wesentliche. Aber bis zu Heideggers später Devise *Brechen, nicht biegen!* hat sich in seinem oft so genannten »Seinsdenken« eine Konsequenz aus den Daseinsanalysen von »Sein und Zeit« ergeben, die der Milde des ›Seinsverständnisses‹ und seiner Freilegung im Dasein als Sorge zunehmend das Bohrende und Aufspaltende einer ihr Ziel augenscheinlich selbst entrückkenden oder gar unterdrückenden Gewalttätigkeit gab. In Davos war das schon dem von Heidegger hinzugezogenen Bollnow auffällig, aber nicht einmal widerwärtig geworden: Er vermerkt, als sei dies Ausdruck legitimer Dringlichkeit, daß zwar Cassirer *sich ganz auf Heidegger eingestellt* habe, während dieser *gar nicht auf Cassirer ein*(ging), mit einer *schon an Unhöflichkeit grenzenden Schärfe* antwortete und schließlich den Vorschlag, das Gespräch *am folgenden Tag fortzusetzen*, ablehnte. Bollnow ist da etwas ungenau: Am wievielten Tag der Woche kam es zu diesem ersten Vollzug von *Brechen, nicht biegen!* als Abbruch?

Dieses Lehrstück in Richtung Konsensseligkeit weist voraus auf die seinsgeschichtliche Fatalität der ›Verbor-

genheit‹ des Seins. Was dem Noch-Phänomenologen in
»Sein und Zeit« den Erfolg der letzten Erschließung des
im Dasein doch effektiven wie affektiven Seinsverständnisses vorenthalten hatte, war aus der bloßen Enttäuschung an der (nie zugegebenen) Vollendbarkeit der
»Fundamentalontologie« zu einer ›Gegenmacht‹ gegen
die Entbergung der Wahrheit geworden, die sich aus der
Zeitkritik immer neue Kräfte bis hin zur manichäischen
Dualisierung holte, bis am Ende nur das Sein selbst sein
Geschick der Verborgenheit wenden konnte, was auch
immer ihm zuvor oder zugleich den Weg durchs Dik-
kicht der Widerstände ›gebrochen‹ haben mochte. Warten (auf die geschickhafte Epiphanie) einerseits, jenes
bremische *Brechen, nicht Biegen!* andererseits – das
sollte der unbehobene Widerspruch bleiben, dem Cassirer wohl das Symbolische abgelesen hätte, Heidegger
nur seine Maxime, daß *jede Interpretation notwendig
Gewalt brauchen* müsse – so schon im Kantbuch eben
jenes Jahres 1929[3] –, was nicht gemildert wird durch den
geradenwegs ›hermeneutischen‹ Grundsatz: *Die Kraft
einer vorausleuchtenden Idee muß die Auslegung treiben und leiten.*[4] Nichts von der Realisierung dieser Idee
hat Cassirer am Davoser Heidegger wahrgenommen, als
er ihm 1931 eben in bezug auf das Kantbuch als »Usur-
pator« statt als »Kommentator« die Legitimität des Um-
gangs mit der gemeinsamen ›Größe‹ bestritten.

3 Ebd., S. 192 ff.
4 Ebd.

Selbstbehandlung

Am 16. Dezember 1986 (Az. 6 RKa 16/85) entschied das Bundessozialgericht in Kassel über das Revisionsbegehren eines Arztes, dem die Kassenärztliche Vereinigung bei Abrechnung seines eigenen Krankenscheins zwar Sachkosten (Reizstrom, physiologische Maßnahmen) voll zugebilligt, die Behandlungskosten jedoch um 40 % gekürzt hatte. Der Arzt, so war die Begründung gewesen, dürfe für Selbstbehandlung kein Honorar abrechnen, da Anspruch auf ein solches nur bei einem Arzt-Patient-Verhältnis bestehe. Dem folgte die Großzügigkeit der obersten Sozialrichter nicht. Sie urteilten konkludent nach dem früheren Grundsatzentscheid, Ärzte dürften Honorar auch für die Behandlung eigener Familienmitglieder berechnen. Dabei war noch ein Rest der Voraussetzung festgehalten worden, es müsse ein Vertragsverhältnis zwischen dem Arzt und seinem Patienten bestehen, damit jener diesem liquidieren könne. Nun aber ließ sich kein grundsätzlicher Unterschied mehr feststellen, ob der Arzt eine Leistung einem anderen oder sich selber erbringe.

Man wird sofort erkennen, welche Entlastung der Ärzte mit diesem Fortschritt der Rechtsprechung erreicht ist: Bei ihrer ständig steigenden Zahl wäre ihr Anteil an der Patientenschaft jeweils anderer Ärzte nicht nur schlicht gewachsen, sondern auch das Maß der Ansprüche infolge der mit diesem Beruf konstitutiv verbundenen Hypochondrie – oder, mit weniger Zumutung gesagt, der professionellen Beobachtung eigener Leiden und fremder Leistungen. Schon die Lektüre der ärztlichen Ratgeberspalten in bunten Blättern hat ja den Vorwissertyp – verschwiegen sei der ›Besserwisser‹ – unter der Patientenschaft ausgebreitet. Viele Wartezimmersitzer müßten ihrerseits schon dafür honoriert werden, daß sie sich als Patienten überhaupt ›erkannt‹ haben. Nun erst der selbstbehandelnde Arzt: der Eigentümer seiner Anamnese mit der reichsten Auswahl an Diagnosen (40 000 Krankheiten!) und mit der angespannten Sorgfalt, die man nun einmal für sich selber aufbringt. Dieser letzte Gesichtspunkt mag die Richter von der Beachtung der Gefahr abgebracht haben, wie der Selbstpatient gegen den Selbstarzt bei den zunehmend ›beklagten‹ Kunstfehlern vorgehen könnte.

Zumindest Sigmund Freud, der Meister der Selbstbehandlung, war auch ein Kenner ihrer Risiken: Hätte er sich für seine ›Selbstanalyse‹ honoriert, wäre er sich zumindest Rückzahlung des Honorars schuldig geworden, denn weder die Herzsymptome verschwanden, noch wurde er der Nikotinsucht Herr (die Einsicht in den Nexus beider wollte er sich ersparen und nahm es dem Freund Wilhelm Fließ übel, daß er darauf bestand). Im Grunde hat ein Philosoph die Selbstbehandlung erfunden, derselbe Descartes, der mit der Therapie des Leidens am Zweifel begann, das Heilmittel des *Cogito sum* verordnete und im übrigen empfahl, auf die Vollendung der Physik zu warten, aus der neben einer definitiven Moral auch die vollendete Medizin hervorgehen sollte, die jede Reparatur des Leibmechanismus würde meistern können. Als ›Musterfall‹ der Selbstanalyse ist das unbeachtet geblieben: Der ganze Prozeß konnte nur in Gang kommen, weil und sobald einer sich vom Zweifel heilte und damit zur ›Methode‹ für alle anderen

Erkenntnisse fand, die es überflüssig machten, jedem nochmals die Selbsttherapie zu verordnen, nachdem der Fortgang der Dinge objektiv geregelt war. Leider versäumte Descartes, die inaugurative Reflexion für alle Folgenden zu verbieten, wie es Freud mit der Selbstanalyse tat: ›Selbstbehandlung‹ enthält ein hochgradiges Risiko, dem sich therapierenden Ich auf die Schliche zu kommen, und die Philosophen mußten daher noch Jahrhunderte später in die Nachbehandlung der ›phänomenologischen Reduktion‹ gehen, über deren Heilerfolg Klarheit anhin nicht besteht. Immerhin ließ sich erkennen, daß die naive Selbstbehandlung das Subjekt nicht von seinen Gewißheitsmängeln befreit und durch ein *splitting* zwischen dem mundanen Ich und dem transzendentalen Ego zuvor die Bedingung für das ›Vertragsverhältnis‹ Arzt – Patient – oder hier: Beschauer und Akteur – wiederhergestellt werden muß. Welche erweiterten Einsichten sich aus der von Gießen her induzierten Neuerung der »Praxis für Philosophie« ergeben werden, muß man abwarten nach dem Vorbild der Cartesianer. Auf jeden Fall wird die mit Sicherheit – wie für jede akademisch diplomierte Berufsausübung – zu beanspruchende Abrechnung als Heilbehandlung irgendwann das konkludente Urteil letzter Instanz nach sich ziehen, auch zur Selbstbehandlung erbrachte Leistungen seien ihren sozialen Preis wert. Den Selbstbehandlern – denen der philosophischen wie jeder anderen ›Praxis‹ – sollte doch ein kurzer Gedanke an den Gleichheitsgrundsatz empfohlen werden: etwa im Hinblick auf die Zahnärzte oder die Chirurgen, die sich fremden Händen ausliefern und fremden Liquidationen aussetzen müssen. An dem ›klassischen‹ Motiv des Gangs zum Zahnarzt mag der Philosoph lernen, daß der Schmerz erst in seiner intensivsten Form, in der das *Cogito* sich zu vergessen bereit ist, darüber belehrt, wie wenig Selbstbehandlungen zu ›Mustern‹ – reflexiven wie rechtsbegrifflichen – taugen.

Delegation

Daß jeder ersetzbar ist, folgt zwar aus der Idee der Gleichheit, ist aber auch das Ärgernis ihrer Anwendung für jeden, dessen Idee nur sein kann, unersetzbar zu werden. Dafür gibt es eine paradoxe Voraussetzung: Unersetzbar kann man nur werden um den Preis, überflüssig zu sein. Es wäre zur Vollentwicklung dieser riskanten Spezies *homo sapiens* nicht gekommen, wenn nicht die ihr Notwendigen jederzeit hätten ersetzt werden können. Zum Luxus der Individualität durften es nur die bringen, die auch als andere hätten dasein können – deren Beliebigkeit zugleich die Schwäche ihrer Existenzsicherheit war.

Ersetzbar muß jeder sein, unersetzlich will er sein. In diesem Zwiespalt des Daseins erwächst die dritte Idee: die der Vertretbarkeit. Der Unersetzliche muß nicht selbst tun, wofür er dasteht, er kann es im Mandat abtreten und kraft der Delegation es so sein lassen, als ob er selbst es wäre, der es tut und worum es anderen geht, daß er es tut.

Unter den Wrangel-Anekdoten sind Fontane, wie sich versteht, die am liebsten, die in Ruppin angesiedelt sind – obwohl die Pflicht des Historikers ihm abzwingt zu sagen: *auch andere Städte werden genannt*. Und Gelegenheit, sie zu erzählen, muß einer seiner ›Helden‹, etwa einer aus dem Geschlecht der letzten Schloßherren auf Liebenberg in den »Fünf Schlössern«, haben, der Graf Philipp zu Eulenburg-Hertefeld etwa, der als Wrangels Adjutant diesen schon darin zu vertreten gehabt hatte, daß er ihn in die Schlacht schickte, als ginge es darum, statt seiner zu sterben. Da beginnt der Ernst des Delegationsprinzips. Dessen heitere Seite, jenseits der *dänischen Campagne*, spielte sich eben in Ruppin bei der Inspektion der Truppe ab, die dort in Garnison lag. Die Ruppiner hatten *ihren Jungfrauenflor in drei Gliedern aufgestellt: Die hübschesten natürlich in der Front. Wrangel küßte die ganze Frontreihe durch und sagte dann, auf den Rest deutend:* »Eule, küsse weiter«.[1]

Der Unersetzliche, oder wenigstens in jenem Augenblick so Angesehene, konnte sich vertreten lassen – und keine der Ruppiner Jungfrauen des zweiten und dritten Gliedes hätte Mißmut zeigen dürfen und wollen, auf Befehl vom Adjutanten geküßt worden zu sein. Vom Ersetzbaren, hier Unersetzlichen, im Besitz des Mandats kraft dieses schönsten aller preußischen Befehle, auch wegen der Vertraulichkeit der Namensverkürzung: »Eule, küsse weiter.«

---

1 Theodor Fontane, »Wanderungen durch die Mark Brandenburg«, Bd. 3; »Werke, Schriften und Briefe«, München ³1987, S. 299.

Begriffsversagen

Ein Fall von Realismus

Das Verhältnis des Lesers zu Memoiren hat etwas Entspanntes. Mängel an Kunstfertigkeit, selbst an Logik, reizen weniger kritische Empfindlichkeit als etwa beim Roman, der den Leser ständig dem Autor auf die Finger sehen und nichts durchgehen läßt.

Dafür gibt es in Memoiren gelegentlich Sätze, die nachdenklich machen, ohne daß man bis zu Fragen kommen möchte oder muß.

In Heinrich Manns bewegendem, wenn auch zu rhetorischen Buch »Ein Zeitalter wird besichtigt« steht der schlichte Satz, den man nicht einmal zu Ende liest: *Ich denke an meinen Briefwechsel mit einem Berliner Zimmermaler* ... Da hakt sich ein Interesse ein, und die postume Anmerkung belehrt, daß Heinrich Mann schon 1928 mit Erwin Gerzymisch in Verbindung trat, der erst 1972 verstorben sei. Ein Teil der Briefe Heinrich Manns an ihn sei schon 1950 veröffentlicht worden, allerdings gerade nicht die aus der Zeit der Weimarer Republik, auf die es in diesem Teilsatz ankommt, sondern aus der Zeit nach dem Zweiten Weltkrieg in den Jahren 1947–1949. Das Interesse an dieser Beziehung wird wachgehalten durch die nicht ganz belanglose Differenz, daß der Autor als einen Zimmermaler bezeichnet, was der Herausgeber einen Schriftenmaler nennt. Wollte der eine senken, der andere heben?

Diese Frage verblaßt vor der anderen, was wohl in diesem ›ständigen Briefwechsel‹ zur Sprache gekommen sein mag. Natürlich Fragen der Literatur und des politischen Lebens. Der vormalige ›Zivilisationsliterat‹ beantwortete nicht nur solche Fragen, sondern fragte selbst, *wie man im Lebens- und Arbeitskreis seines Korrespondenten über Bücher, Menschen und Geschehnisse der Zeit dachte.* Wie groß mag das Interesse der Korrespondenten aneinander und an den gegenseitigen Welten gewesen sein?

Da ist man verblüfft, aus dem Kommentar zu erfahren, daß die beiden Partner des ständigen Briefaustauschs in jenen Jahren der ersten deutschen Republik in Berlin nur wenige Schritte voneinander entfernt wohnten und sich doch niemals in ihrem Leben gesehen oder gesprochen haben. Sollte es von vornherein nur auf Literatur abgesehen gewesen sein? Ein Briefwechsel nur für die Ewigkeit, nicht für die Gegenwart?

Hinterdrein, im Rückblick der Memoiren, tut sich der literarische Grandseigneur etwas zugute darauf, mit dem Proletarier korrespondiert zu haben, als es noch nicht Staatsmachtraison gewesen sein kann. Ein Briefwechsel mit einem Zimmermaler, mit dem man vielleicht nicht recht hätte sprechen können. Oder brauchen? Wie so viele andere Intelligenzler vor und nach ihm mag Heinrich Mann sich gescheut haben, einem aus der Klasse wirklich zu begegnen, für die zu kämpfen und die befreien zu wollen man vor allem Literatur machte. Sie waren eben noch nicht so, wie man wollte, daß sie sein sollten. Und man brauchte sie gar nicht zu kennen, man konnte sie sich ja denken. Es gibt da eine fatale Erfahrungsunbedürftigkeit des Intellekts, der zu leicht weiß, wie die Dinge sind, da er doch weiß, wie sie nicht anders sein können.

Ein Briefwechsel mit einem Berliner Zimmermaler über die Distanz weniger Schritte? Genügte das schon, um sich die eigene Rolle im literarischen Welttheater zu verdeutlichen, sich einen Platz im großen Stellenplan zuzuschreiben, worin jene nicht waren, man selbst aber durch sie sein konnte, um jenen den mystischen Platz zu erkämpfen, dessen endliche Erlangung man doch zu ertragen nicht imstande gewesen wäre? – denn dann hätte man sie sehen, reden hören, riechen müssen, nicht auf der Distanz halten können, die am sichersten die Post gewährleistet.

Sollte man nicht für solche Zwecke doch bei der altbewährten Erfindung der fiktiven Korrespondenz bleiben? Man braucht sich dann den Partner nicht vom Leibe zu halten. Man schafft sich sein Maß von Verstand und Unverstand nach dem eigenen Bild und Gleichnis, und vor allem nach dem eigenen Bedarf, sich an ihm zu definieren. Nicht jeder Benn hat das Glück, einen Oelze zu finden – allerdings auch nicht jeder Oelze das Glück, von einem Benn gefunden zu werden. Etwas geht es allerdings auch darum, wieviel Realismus einer von sich verlangt und dann auch ertragen kann.

Realität ist das selbe und doch nie gleiche, zu dem man zurückkommt

Ich tauche aus dem Schlaf auf, als hätte es mich nie gegeben. Nur eine dubiose Kleinigkeit hindert mich daran,
dieser Neuling des Daseins zu sein: meine Erinnerung
und die der anderen an mich. Es gibt Umstände, Umgebung, Dinge, die nicht dazu passen wollen, daß ich unter
ihnen erstmals zutage träte. Ich kenne sie, sie kennen
mich. Deshalb hat es seinen Sinn, daß die anderen mich
begrüßen wie ich sie, wenn wir uns am Morgen oder im
Laufe des Tages begegnen. Dazu muß man nur in einem
allerweitesten Sinne dazugehören, keineswegs besondere
Intimität besitzen: Die Normalität des Schon-Dagewe-
senseins bedarf der Zeugenschaft für ein Wesen, das so
tief schlafen kann wie der Mensch, daß sein Anschluß an
sein gelebtes ›Vorleben‹ ihm nicht selbstverständlich ist.

Es ist eben nicht das Und-so-weiter schlichtweg. Man
kommt zu sich, das ist eine unglaubliche Sache, jedes
Aufstehen eine Auferstehung, weil alles dagegen spricht,
daß sich das Bewußtsein auf seine Unterbrechung einge-
lassen hat: Es ist seinem Wesen nach, was Unterbrechun-
gen nicht erträgt. Was als Pathologie der Schlaflosigkeit
erscheint, ist vielmehr das Sich-durchsetzen der Normalität des Daseins als ›Sorge‹ um sich, zunehmend im Alter, wo es immer wahrscheinlicher wird, daß es dem Bewußtsein nicht gelingt, zu sich zurückzufinden. Deshalb
auch wachen die Alten über die Einhaltung der Rituale:
man hat einander wissen zu lassen, daß man noch da ist;
schließlich verliert man seine Zeugenschaft und hat es
immer schwerer, für den Schwund Ersatz zu finden. Da-

her das ›Werben‹ der Alten um die Jungen, indem sie sich zu deren Komplizen in Anerkennung der ›Modernität‹ machen, da es doch keine andere Chance gibt als die eine, sich beerben zu lassen – und eben das ist die Bedingung, daß man die ausgedienten Zeugen nicht mehr belastet.

Deshalb ist die ideale Funktion des Geldes die der Erbsubstanz, in der der Erblasser anonym wird wie in nichts sonst. Jeder Gruß am Morgen, jede Wiedersehensszene während eines Lebens wird honoriert oder kann tendenziell vergolten werden mit dem schnödesten Medium des Dagewesenseins. Der Gruß ist eine Technik zur Herstellung von Selbstverständlichkeit, mit der Implikation, daß eben die darin enthaltene Zusicherung dem ganz und gar nicht Selbstverständlichen dient. Der noch und wieder da ist, jeden Morgen in seinem Büro, an seinem Arbeitsplatz wieder da ist, soll gar nicht merken, wie erstaunlich das ist.

Deshalb fällt das Grüßen um so beiläufiger aus, je gleichgültiger diese Anwesenheit ist: der Ersetzbare, der jederzeit jeder beliebig andere sein könnte, wird am nachlässigsten begrüßt, fast mit einem Ton des Widerwillens dagegen, daß er nicht weichen will. Ihm aber ist eben dies wichtig, daß man sich mit seinem Nichtweichenwollen abfindet, daß auch er zu den Indizien gehörig wird, die den anderen dazu gefügig sind, sich aus der Verwunderung herauszuziehen, daß sie wieder und noch da sind als dieselben. Im beiläufigsten Wiedersehen steckt dieses Drama des Risikos, daß es auch nicht hätte stattfinden können. Weshalb sonst sollte man sich mit »Auf Wiedersehen« verabschieden?

Ein Futurum

Ein Futurum (Stand: 1990)

> *Wer wüßte eine Zukunft?*
> Gottfried Benn, »Fleisch« (1917)

Etwas vor sich zu haben, heißt vor allem, sagen zu können – mehr noch: sagen zu müssen –, was es *nicht* heißt, es vor sich zu haben.

Als privater ›Futurologe‹ – Fossil einer kurzlebigen und vor ihren prognostizierten Untergängen schon untergegangenen Erfindung zur Vermehrung von Instituten und Lehrstühlen – sehe ich voraus, daß dem Grundgesetz der Bundesrepublik nicht erspart bleiben wird, von den großen Worten noch einiges mit juristischer Dezenz einverleibt zu bekommen. Nur durch rechtzeitigen Hinschied, wie man andernlands sagt, kann ich dem Tag entgehen, an dem der Artikel dastehen wird, die Bürger und ihr Staat seien zur Bewahrung der Schöpfung ›aufgerufen‹. Von wem, darf sich jeder dazudenken oder dazuglauben.

Die Rede von der ›Bewahrung der Schöpfung‹ ist nicht nur ein großes Wort, es ist auch ein in sich unwahres. Wäre die ›Schöpfung‹ eine solche, könnten wir sie getrost demjenigen, der sie zustande gebracht hätte, zur Bewahrung überlassen. Schließlich wäre es seine Sache, wie die von jedermann sonst, die Folgen einer Handlung zu verantworten. Schierer Unfug ist es anzunehmen, jener hätte dieses Amt nach sechstägiger Erschaffungsmühe, mehr als *einen* Sabbat nehmend, der Kreatur des letzten Tages überlassen. Deren Zuverlässigkeit für diesen Auftrag hätte er allerdings durch

eine geradezu leichtfertig ungeeignete Ausstattung verfehlt.

Der biblische Schöpfer jedenfalls hätte sich selber widersprochen, diesem Werkstück seiner Hände die Natur
zur Untertänigkeit zu übergeben und ihm den aus-
drücklichen Befehl zur Vermehrung zu erteilen. In der
Konsequenz der Unvereinbarkeiten dieses Ursprungs
war ohne göttliche Futurologie voraussehbar, daß Sorg-
samkeit mit der Natur Sache dieses Wesens nicht sein
oder bleiben konnte. Ich erlaube mir daher zu vermuten,
daß das Amt des Schöpfungsbewahrers entweder ander-
weitig vergeben worden ist und in meiner privaten Futurologie wohlweisliche Eingriffe in unser Verhalten
und Verfahren rechtzeitig und amtsseitig erfolgen werden, *oder* es jenem unbekannten Welturheber am Nullpunkt seiner Unternehmung nicht im geringsten darauf
angekommen war, dieser einen Garanten ihres Fort-
gangs und Erfolges mitzugeben.

Wer will wissen, woran solcher ›Erfolg‹ zu erkennen
wäre? Wer will ausschließen, daß wir gerade dabei sind,
ihn zu erreichen – und uns *eo ipso* überflüssig zu machen? Ich behaupte das nicht, ich stelle die Frage. Aber
ich behaupte, daß diese rhetorischen Fragen nicht weniger ›gottesfürchtig‹ sind als die Bewahrungsphrasen von
Kirchentagspräsidenten und altersfrommen Physikern.

Da der Mensch – theologisch Bild und Gleichnis jenes
Gottes – ein leidenschaftlicher Experimentator ist, kann
ich nicht ausschließen, daß die Welt die Versuchsstation
eines Überexperimentators ist. Daß er uns als solcher
mehr Unbehagen bereitet als ein gütig lächelnder Wohl-
tatenausteiler von Sozialstaatsübergröße, ist kein Indikator für schlechte Theologie. Erst in der Gegenwart theo-

logischer Schwunderscheinungen neigen die Prediger
dazu, einen Gott zu empfehlen, der allen zu Gefallen
sein zu wollen scheint. Er soll uns einerseits nicht uns
selber überlassen haben, andererseits aber auf unser
Wohlverhalten für seine Welt angewiesen sein. Wäre es
dagegen Blasphemie, Gott an seinem Versuch genauso
dazulernen zu lassen wie jeden Experimentator an jedem seiner Versuche – für das nächste Mal? Origenes
war eben nicht nur ein frommer, sondern dazu auch
noch ein tiefer Theologe. Diese beiden Eigenschaften
sind nicht zwangsläufig aneinander gekoppelt.

Was aus diesen Überlegungen oder Widerlegungen
folgt, ist vor allem, daß wir zu nichts verpflichtet sind.
Uns ist nicht gegeben worden, das zu sein, was wir gern
wären oder als was wir uns sehen möchten – aber wahrscheinlich gar nicht ertragen könnten, wären wir es geworden.

Wogegen ich mich in dieser privaten Futurologie
wehre, ist im ganzen gesehen eine Übertreibung: die
Übertreibung des Standardbegriffs der ›Hilfe‹. Längst
hilft nicht nur jeder jedem, mehr noch: einige vielen,
wenn nicht inzwischen zu viele allen. Das soll nun, wie
in meinem futurologischen Verfassungsartikel vorgestellt, auf die Spitze getrieben werden, indem alle einem
helfen. Zumindest die moralisch auf Weltgeltung aspirie-
rende Bundesrepublik will und wird – umgeben von
Hilfeverweigerern – dem Schöpfer der Welt helfen, damit er mit dieser nicht scheitere. Ich gebe zu, diese Rolle
auf der Weltbühne gespielt zu sehen, wäre nach meinem
Geschmack – nur wäre es eben im Theater.

Wie fängt man es aber an? Man übt zunächst an sich
selber, sich zu helfen. 37 % der Bundesbürger sollen sich

bereits zu langem Leben mit Nahrungsmitteln verhelfen, deren Packungen oder Auslagen den Zusatz ›Bio‹ tragen. Sich solche Naturnähe und -freundlichkeit aus zuverlässiger Quelle zu verschaffen, wird der Zweitwagen eingesetzt. Er ist erkennbar das erste Instrument zur ›Bewahrung der Schöpfung‹. Oder sollte erlaubt sein einzuwenden, eine weniger das Langleben fördernde Selbsthilfe könnte die Schöpfung entlasten, so daß sie weniger der ›Bewahrung‹ bedürfte? Während wir unser Leben verlängern und versorgen, verbieten wir uns die Frage *Wofür?* dabei ebenso wie bei der Schöpfungsbewahrung. Das hat seinen guten Grund: Da absolute Forderungen nicht zu befragen sind, geben wir diesem Imperativ die Aura des Absoluten, indem wir die Frage *Und wozu?* nicht stellen.

Wir üben das am Menschenwerk, wenn es nur alt genug ist, seine genuine und ordinäre Funktion vergessen zu lassen. Wir wehren uns gegen die Verschandelung der Landschaft durch das, was wir hineinstellen; steht es aber erst hundert Jahre, ist es uns unentbehrlich geworden und kommt unter Denkmalschutz. Im Grunde ist das Denkmal ein naturgewordenes Kulturstück. Was wir heute bauen, legen wir morgen still und nehmen es übermorgen unter unseren Schutz gegen die, die es abreißen wollen.

In meiner privaten Futurologie sehe ich eine Welt vor mir, in der man sich vor Schützenswürdigem kaum noch rühren kann. *In dubio pro reo*, das mag vergessen werden. *In dubio pro re*, das wird zu einer von außen belustigenden, von innen belästigenden Bürokratie führen, die schlechtweg ›Sachen‹ verwaltet, ohne die Begründung dafür zu schulden, daß sie es verdienen, indem sie

›feststellt‹, daß sie ein Recht darauf haben. Neben die ›Bewegungen‹ der Schützer werden die der ›Stürzer‹ treten, die sich der Weltenge durch Geschütztes erwehren. Und die Sachverwalterbürokratie tritt dazwischen in der höchst erwünschten Schiedsrichterrolle.

Die Welt als Museum, der Staat als Museumsverwaltung, die Bürger als Museumsdiener, allgegenwärtiger ›Objektschutz‹ nicht zu vergessen: Eintrittspreise statt Steuern. Schon jetzt läßt sich erkennen, wie Funktionen der Erinnerung und Vermahnung eben dadurch erfüllt werden, daß man bestimmte Einrichtungen, Bauwerke, Ruinen ohne Ansehen ihres Aussehens stehengelassen haben will. Faktisch deshalb, weil es kaum eine Sache gibt, für die nicht ein Schutzverband sich gründen ließe. Wir üben uns im Schützen. Und das wiederum ist so schützenswert, daß es gegen Nachrede jeder Art, insbesondere übler, geschützt werden sollte.

Was hat das mit ›Bewahrung der Schöpfung‹ zu tun? Längst ist der Mensch als auch-schöpferisches Wesen mit seinen Schöpfungen in den Bann des Bewahrenswerten gezogen, sofern es nicht erst gestern, sondern schon vorgestern aus seinen Werkstätten und Ateliers, Retorten und Mischwerken gekommen ist. Die Verheißung der Schlange im Paradies *Ihr werdet sein wie Götter* wird sich erfüllen; nur auf ganz andere Weise, als es sich noch das auslaufende Jahrtausend versprach.

Der Mensch besorgt die Sache Gottes, nicht als dessen Nachahmer, sondern als dessen Schadenbereiniger, Nachhilfelehrer, wenn nicht gar als dessen Nachlaßverwalter. Die Definition dieser Rolle, der Zuschnitt des Selbstbewußtseins, hat mit dem frommen Augenaufschlag der Schöpfungsbewahrer eine ungekannte Anmaßung erreicht. Die gemeine Selbsterhaltung wird unter Bedingungen der Welt hochstilisiert zur universalen Gebärde, diese Bedingungen zu setzen. Der Mensch traut sich – wenn auch nur in der Rhetorik – zu, das ungeordnete Erbe zu hüten: ein Hirt des Seins.

Sollte das Amalgam von Pastorale und Apokalypse, in der Sicht meiner privaten Futurologie, zum allseits befriedenden Resultat einen jener Grundgesetzzusätze haben, deren hochqualifizierte Mehrheit durch die blanke Furcht zustande kommt, sich neinsagendenfalls eine Hypothek, mehr als eine Angriffsfläche, mehr als eine Mißstimmung: die *Schuld* an etwas zuzuziehen, was, wenn es nicht eintritt, durch eben diesen Beschluß verhindert worden sein wird? Obwohl doch dies, wenn irgend etwas, gerade das ist, was keine Folgen zu haben pflegt.

Gegen die Proklamation der Absicht, Lebendiges leben zu lassen und andere am Gegenteil zu hindern, gibt es schlechthin keinen Einwand; wer sich nicht anschließt und einschließt, muß es schwer haben. Aber wie schwer? Die Schweregrade sind allzu distant: Elefanten und Nashörner sind weit weg für den, der mit Elfenbein nicht handelt und sich für seine Potenzprobleme nichts von gepulvertem Nashornhorn verspricht. Das Produkt kann so im Mißverhältnis zur Beute stehen, daß es in der Nähe der Butterberge Kopfschütteln verdient, wie etwa Walfische für Margarine ums Leben zu bringen.

Wie weit geht der Anspruch des Menschen an die ›Schöpfung‹? Auch ihn gerade und nur überleben zu lassen? Das Paradox besteht darin, daß allzu viele nicht überleben könnten, wenn nicht allzu viele andere mehr verlangten, als nur zu überleben. Die Pygmäen in Kamerun bekommen fast nichts für das Elfenbein der illegal geschossenen Elefanten – nur daß die Bantu sie am Leben erhalten, weil das die Bedingung für weiteres Elfenbein ist. Was würden die Bantu mit den Pygmäen machen, die sie verachten, wenn alle anderen außerhalb dieser Bantu-Pygmäen-Welt sich die Lust auf Elfenbeinschnitzereien austreiben ließen?

Der Anspruch des Menschen an die ›Schöpfung‹ geht weiter, als daß sie ihn leben läßt. Er ist ihr Zuschauer. Sie befriedigt seine Neugierde, seine Genußfähigkeit, seinen Sammlertrieb, sein Bedürfnis nach Abwechslung, seine Abenteuerlichkeit. Was alles ist aufgeboten oder gar noch auszuschöpfen, um die Mannigfaltigkeit der Möglichkeiten für dieses Wesen anzubieten? Die Welt könnte sehr unspektakulär durch Schrumpfung untergehen: als Lebenssphäre des Menschen würde sie mehr und mehr eine Welt der Langeweile. Über deren nicht nur redensartliche Tödlichkeit sollte man sich nicht täuschen: Sie macht mörderisch.

Wir bewahren nicht die Schöpfung, wir bewahren uns. Auch die, die sich nicht für ›Geschöpfe‹ halten und ihr Recht an der Welt und auf sie nur daraus ableiten, daß sie, in ihr zu existieren, nicht selbst zu entscheiden hatten. Die Welt ist uns etwas schuldig, ganz abgesehen davon, ob wir ihr und was wir ihr schuldig sein sollten.

Und vergessen sei nicht, was wir ohnehin durch eine noch so naturunschuldige Technik zu diesem Problem beisteuern: Im Maße der Minderung unserer Arbeitslast um Wochen, Tage und Stunden werden wir Zuschauer mit gesteigerten Ansprüchen, mit vergrößerten Aktionsradien. Man denke, in wie kurzer Zeit der phantastische Schauraum der Unterwasserwelten erschlossen worden ist und noch wird, bis hinein in die speläologische Unterwelt. Über die Enttäuschung angesichts erstmaliger Anschauung der Rückseite des Mondes sind wir noch gar nicht hinweg: Wir strafen den Mond durch den Erweis von Verachtung, unsere Besuche nicht zu wiederholen, obwohl auch die Planeten fast nichts zu bieten scheinen als die Zielphotographie des Dagewesenseins. Wird es sich lohnen, in das große Wort von der ›Bewahrung der Schöpfung‹ auch ihre trostlos öden Produkte einzubeziehen, die uns nur erfreut haben, solange wir sie nicht näher kannten?

Was absurd werden könnte, ist die Tatsache, daß das Schauangebot auf der Weltszene für den Menschen gerade dann zurückgeht, wenn er endlich sich die Muße verschafft hätte, es zu betrachten: der *Kosmotheoros* zu werden, der er so lange schon sein wollte. Mehr noch: das Angebot schrumpft eben *dadurch*, daß der Mensch es annimmt. Er zertrampelt die Wiesen, die ihm lachen, auf denen es ihm blühen sollte – wie er Mauern der Undurchsichtigkeit vor den großen Kunstwerken der Welt aufbaut, *indem* er, sie zu sehen, endlich für lohnend befunden hat. Er ist der Zerstörer seiner rein sensorischen Möglichkeiten, noch ohne daß er mordet.

Der Mensch ist ein Minderer der Natur, zweifellos; aber zugleich ist dieser *homo sapiens sapiens* der singuläre Fall der grenzenlosen Pluralität von Erscheinung und Leistung in der Einheit, die biologisch noch der Definition einer Art genügt. Anders gesagt: Die Natur ist durch den Menschen reicher geworden, als sie es durch Vermehrung oder Erhaltung ihrer Artenvielfalt je hätte werden können. Ich will es ebenso trivial wie aufreizend bezeichnen: Jede Modesaison ist ein Aufgebot an phäno-

menal veränderndem Erscheinungsreichtum, für dessen
Ausspielung als ›Evolution‹ die Natur Jahrmillionen benötigt hätte.

Darwin hat zwar nicht an der Mode gelernt, was
›Entwicklung‹ sein könnte; aber an einem anderen, auch
teilweise geschmacksbedingten Phänomen: dem der
Züchtung. Man braucht mir die Einwendung nicht zu
machen, die ich kenne: Fleisch, Milch, Häute, Pelze,
Jagdhilfe, Herdenhütung. Aber nebenbei und zunehmend zentral sind Formenvielfalt und Habitus zum
Selbstzweck geworden. Aus der Schau der Natur sind
die Revuen und Wettbewerbe von Zuchterfolgen geworden, vom Aberwitz der ehemaligen Wölfe bis zu den
Übersteigerungen der Orchideen, Rosen und Tulpen
oder den Koniferen, die sich in Parks und botanischen
Gärten zufällig herausgekreuzt haben.

Der Mensch ist ein Züchter von Anfang an. Auch das
definiert ihn. Aus seiner Hand kommen nicht nur ›Gestelle‹, auch Jakobs Züchtersieg über Schwiegervater La-
ban. Farben und Düfte, die der Natur unbekannt waren,
haben ihr ›Spektrum‹ bereichert.

Die Kunst hat uns nicht so sehr gelehrt, die Natur zu
sehen; sie hat uns überhaupt erst bemerkbar gemacht,
daß wir sie sehen und nicht nur nutzen. Denn bildende
Kunst ist, welcher sonstigen Funktion auch immer, von
gleichsam destillierter Wahrnehmbarkeit der Natur,
gleichgültig ob sie sie ›nachahmt‹ oder als Inbegriff der
Einfallslosigkeit verspottet.

Kunst ist das Gegenmuseum zur Natur, als trüge der
Mensch zusammen, was er den Verlusten entgegenzuset-
zen hat, die von seiner Selbsterhaltung und Selbstaus-
breitung der Natur zugefügt worden sind. In meiner

privaten Futurologie werden Kunstwerke, sofern sie nur
alt genug und die Umstände ihrer Entstehung vergessen
sind, genauso betrachtet wie die Skelette von Sauriern
und die bizarren Wuchsformen in Schiefern und Sand-
stein, die sich die Natur einmal als ihren riskanten Luxus
geleistet und wieder eingespart hatte. Sie ist rüder mit
ihren Kreaturen umgegangen als der Mensch, der das
Freiwerden des Lebensraumes für seine kleinwüchsig-
sten Vorfahren dem kurzen Prozeß zu verdanken hat,
der vor 65 Jahrmillionen mit den Riesenechsen gemacht
wurde.

Wer nach dieser Urgeschichte glaubt, dem unermeßli-
chen Variationswerk der Biotechnik ließe sich mit Ver-
waltungsvorschriften und Transparenten wirksam entge-
gentreten, erliegt der Verkennung des Sachverhalts, ob
die Natur ihrer im Menschen stillgelegten Evolution
nicht durch gerade dessen theoriebrütende Nesthockerei
auf neue Sprünge helfen würde. Die Einfallslosen warten nur auf den zweiten *big bang*, mit dem die Welt untergehen kann; sie denken nicht an Überlebensfähigkeit
als Produkt der Einsicht in die Verfahren des Lebens. In
einer privaten Futurologie geht es ja nicht ums Wün-
schenswerte, sondern ums Unausweichliche. Das als solches zu bezeichnen, darf nicht tabuisiert werden, weil es
die Marschierer an längeren Wochenenden zögern lassen
könnte. Sie werden weiter tun, was ihnen Spaß macht,
doch nur, solange es ihnen Spaß macht.

Nichts wird aufhalten können, daß der Stau der Evolution – den der Mensch selbst ›darstellt‹, insofern er
sich als ›Kulturwesen‹ aus dem Naturdruck herausgenommen hat – mit der Zugänglichkeit der Genome einen stupenden Durchbruch findet, dessen Qualität un-

gewiß, dessen Quantität als ›Explosion‹ von Merkmals-
vielfalten gewiß ist.

Die zunehmende Unfähigkeit, Bewahrungswidriges
gegen die Natur zu verhindern, korreliert mit der zu-
nehmenden Fähigkeit, Bewahrungsschutz über das
Menschenwerk zu legen, das Instrument des Denkmal-
schutzes auf immer weitere ›Gestelle‹ auszudehnen. Die
Bürokratie wird jederzeit versagen, wenn sie es mit kon-
zentrierter Intelligenz zu tun bekommt, auch wenn sie
an der Illusion festhält, sie müsse sich nur vergrößern,
um jede Kontrollaufgabe zu meistern. Die große Kraftprobe der verwaltenden Disziplinierung der Hochschu-
len und ihrer zeitweise sich verflüchtigenden Lehrkapa-
zitäten ist exemplarisch gescheitert: Professoren mögen,
nach einem Ausspruch des ehemaligen hessischen Kul-
tusministers Schütte, zu dumm sein, um *mit* ihnen
Hochschulpolitik zu machen, sie sind es jedenfalls nicht,
um mit Bürokraten *gegen* sie zu erzwingen, was sie
nicht wollen. Erst recht wird man sie nicht dazu bringen
können, *nicht* zu erforschen, was zu erforschen sie sich
in den Kopf gesetzt haben. Vielleicht ist doch der Gedanke eines ›Konzils‹ zur Schöpfungsbewahrung nicht
so verfehlt, um das durch Rhetoriklehrstühle verstärkte
Mittel der Predigt auf sie anzusetzen.

Sicher ist, daß der Übergang zum nächsten Jahrtausend die Bürokratie als Ausweg aus dem Dilemma
aufschwellen sehen wird: Jedem möglichen Bewahrungs-
missetäter wird ein Kontrolleur beigegeben. Die Wissenschaft hätte ganz nebenher das Problem der Arbeits-
losigkeit gelöst, denn alle Kontrollideologen gehen von
der Prämisse aus, daß der Kontrolleur nicht die Qualifikation des Kontrollierten zu haben braucht. Deshalb

glaubte man ja schon Professoren mit Inspektoren ›organisieren‹ zu können. Dieses Mißverhältnis ist der futurischen Konkurrenz von Kredit und Kontrolle nicht auszutreiben. Wäre je ein Kontrolleur dem gewachsen, den er kontrollieren soll, wäre er alsbald auf seiten derer, die der Kontrolle bedürfen, weil sie unter dem Verdacht stehen, nicht kreditwürdig zu sein. Man mag eine Welt der Kontrolleure aufbauen – lohnen wird es sich nicht.

Das Überschreiten von Schwellen –
hinter denen liegt, worauf es ankommt

In den antiken Höhlenimaginationen war es vor allem der Ausgang unter den Himmelsanblick und der Gesetzmäßigkeit seiner Umläufe gewesen – am stärksten beim frühen Aristoteles –, was dem verlassenen Höhlendasein die Überwundenheit verschaffen konnte – aber nicht mußte, wie man wiederum bei dem von Cicero überlieferten Aristotelestext sieht. Einer himmellosen Unterwelt hatte gerade dieses Muster einer im Kreislauf wirklichen Seiendseiendheit gefehlt.

Der Hiatus von Höhle und Himmel entfällt, sobald es gleichgültig geworden ist, ob das Gehäuse nach oben offen steht, wie im Falle des Labyrinths oder der mit Hieroglyphen bedeckten Mauern, die etwas umschließen und es verrätseln, aber das natürliche Licht von oben brauchen, damit die Zeichen an der Wand als noch unverstanden Aufgegebenes dringlich genug aufscheinen können. Die seltsame Kulturerscheinung der Panoramen, auf die zuerst Dolf Sternberger 1938 das Augenmerk richtete, kommt ganz aus der Ambivalenz des hohen Bedarfs an Oberlicht einerseits, des ausgeschlossenen Aufblicks auf den lichtgebenden Tageshimmel andererseits. Als die Technik der künstlichen Beleuchtungen das Dilemma beendete, war auch das Jahrhundert der Panoramen am Ende, abgelöst durch eine neue Welt von Lichtspielen ganz anderer Erregungsleistungen, an denen viele Kulturkritiker unversehens die Schulerinnerung an die platonische Geschichte bestätigt fanden – meist ohne die Beziehung zur sophistischen Rhetorik

und ihren von Plato dämonisierten Verführungskünsten
herzustellen. War nicht das Erstaunlichste in den kine-
matographischen Höhlen, daß ohne alle Fesselungen die
Köpfe wie erstarrt in der *einen* Richtung verharrten und
die Produktionsmaschinerie nicht des Interesses wie
an einem Mehr-Seienden – das sie doch im *Wissen* aller
war – jemals gewürdigt wurde? Wer wollte denn je auf
den Grund seiner Illusionen sehen? Derartiges gehörte
ins Museum, und dahin eben auch, wer es so genau kennen wollte. Was es gab, waren Spezialhöhlen, und man
konnte von der einen zur anderen überwechseln, ohne
auf den ›ontologischen Komparativ‹ zu stoßen. Das
Wachstum der Museen, an Zahl wie an Ausdehnung und
Zuständigkeiten, ist eine über den ›Historismus‹ im en-
geren Sinn weit und über das 20. Jahrhundert expandie-
rende Erscheinung. Der Satz wird keine Übertreibung
sein: Nichts, wofür es kein Museum gäbe. In ihnen wird
die Schuld abgetragen, die durch das Tempo des Fortschritts und des Abstoßens von Überholtem aus dem
Lebensgebrauch aufläuft. Der ontologische Status des
›Musealen‹ – auch gern pejorativ so geheißen – ist im
Schema der klassischen Höhlen nicht mehr einzubrin-
gen. Entscheidend ist hier, daß es allemal auf den *Eingang* ankommt: Mit dem Überschreiten der Schwelle,
dem Durchschreiten des Vestibüls, dem Ersteigen mäch-
tiger Treppen, wird unvermerkt die Gültigkeit der le-
bensweltlichen Realitäten abgestoßen, abgenommen wie
eine Last, um in ein Areal sorgfältig präparierter ›Schau-
stücke‹ – vorübergehend immer mehr zu ›Lehrstücken‹
als ›Flachware‹ funktionalisiert – einzutreten. Der Wechsel der Einstellung ist einzuüben. Er hat nicht zufällige
Ähnlichkeit mit der Reduktion in der Phänomenologie.

Der Kunstgriff des scholastischen Axioms *Anima quodammodo omnia* erscheint im Rückblick eher als Vermeidung denn als Lösung des Problems von Innen und Außen. Doch impliziert es immer noch die Abkunft der platonischen Höhlenschatten von den Dingen, die sie werfen, und den Ideen, denen die Dinge nachgebildet sind: die Erzeugungskette der Vorstellungen ist nicht abgerissen, und diesen Grundgedanken bewahrt sogar die ›prästabilierte Harmonie‹ von Leibnizens Monadologie. Obwohl gerade sie der erste entschiedene Versuch war, den Hiatus von Innen und Außen zu überwinden: Psychisches und Physisches, Vernunft und Natur sind ihrer ›Substanz‹ nach ein und dasselbe, nur in differenten Aggregatzuständen seiner Gegebenheit. So weit von aller Metaphysik entfernt sich der positivistische Monismus der ›Empfindungen‹ dünkt, indem auch er das Subjekt nur zum anderen ›Zustand‹ der Elementarsphäre macht, ist die Distanz zur ›Monade‹ das antimetaphysische Pathos nicht wert, weil das Auflösungsschema der Subjekt-Objekt-Dualität und damit, eher beiläufig, des cartesischen Dualismus der beiden Substanzen dasselbe ist: die Verflüchtigung der Frage, wie denn von innen nach außen überhaupt zu kommen sei. Goethe, dem ein konstitutives Mißverhältnis zu allem Philosophischen nicht bestritten werden darf, hat die ›Lage‹ im Brief an Schiller vom 6. Januar 1798 als die einer unauflösbaren Faktionierung des Denkens in idealistisches und ›realistisches‹ beschrieben: *Mir will immer dünken, daß, wenn die eine Partei von außen hinein den Geist niemals erreichen kann, die andere von innen heraus wohl schwerlich zu den Körpern gelangen wird ...* Wenn es zwischen Innen und Außen jemals einen ›Weg‹ gegeben hatte, wie den des platonischen Höhlenausgangs, so ist er derart unwegsam geworden, daß es – unabhängig davon, was jeweils draußen oder drinnen angesiedelt ist: Idee oder Körper, Innigkeit oder Transzendenz, Mystik oder Mythos – die Übergänge in beiden Richtungen nicht mehr gibt: der Ekstatiker gelangt nicht zum Absoluten, der Paideutiker kommt nicht zurück in die *Polis*.

Das mehr oder weniger starke therapeutische Pathos, mit dem die Außen-Innen-Kontrarietät, zumal in Gestalt des cartesischen Dualismus und der Leib-Seele-Fremdheit im letzten Jahrhundert des zweiten Jahrtausends angegangen wird, gründet sich weniger auf die Erwartung, man werde die alten Probleme vom Typus, wie man von jenem zu diesem komme, nun endlich lösen, als vielmehr auf die Aussicht, diese Probleme verschwinden zu lassen, gegenstandslos zu machen. Das vermeintlich Innere wird zum Aggregat des vormals Äußeren, zur Stauungsepisode eines energetischen Flusses, Kondensation eines Gases, Kristallisation einer gesättigten Lösung, Verzögerung der Zielstrebigkeit von Antrieben, die im Innehalten allererst das ›herstellen‹, was sie dann *bei sich* behält. Schon die gewählten Umschreibungen zeigen, daß die ehemals erkenntnistheoretische Thematik mehr auf ein Konzept von *Anthropologie* konvertiert wird. Das Resultat des elementaren ›Ausgangs‹ sind nicht vorzugsweise, sondern nur akzessorisch ›Theorien‹ und deren Gegenstandsverbände; primär steht das Weltverhalten des sich ›Mensch‹ nennenden Gebildes im Blick als die erfragbare Einheit einer durch keine Triebstruktur vereinfachten Mannigfaltigkeit. Der Intention am genauesten entsprochen zu haben, ihr rein verbal schon zu genügen, macht Pathos und Erfolg von Heideggers ›In-der-Welt-sein‹ als Bestimmung des in seiner ›Sorge‹ sich verstehenden ›Daseins‹ aus. Bevor man sich auf die unter diesen Titeln vereinigten Destruktionen und Deskriptionen nachgehend einläßt, muß man die zeitgeistgenaue Lokalisierung von »Sein und Zeit« als Abschluß und Neuaufnahme eben der Bestrebungen zu identifizieren suchen, die vom Innen-Außen-Schema loskommen wollten. Mag auch die Spracherfindung des Werkes mit dem ›In der Welt‹ die Assoziation von Innen und Außen so wenig abgeworfen haben wie mit der Ek-statik des Zeithorizonts, so ist doch ständig für die Kau-telen gesorgt, jenes ›Dasein‹ nicht als ein ›Vorhandenes‹ inmitten von anderem und innerhalb einer Weltbesor-gungshöhle denkbar durchgehen zu lassen. Es scheint, daß wir nie erfahren werden, wieweit die Anstrengung sich ihrem Ziel genähert hat. Was uns über uns belehrt, ist die Richtung, die sie einschlug und mit der sie den anstehenden Grundforderungen entsprach, obwohl sie sie mit der eher noch scholastisch anmutenden ›Funda-mentalontologie‹ in der Formel der Frage nach dem ›Sinn von Sein‹ verknüpfte. Es gehört zur Symptomatik, an der hier allein Interesse besteht, daß die Rezeptions-woge von »Sein und Zeit« den Grund der Seinsfrage hochgehend überspülte und überspielte, mochte der Au-tor noch so sehr die Konzentration aufs Anthropologi-sche als das große beklagenswerte Mißverständnis rekla-mieren.

Ob die Differenz von Außen und Innen, noch als zur Metaphorik depotenziert – mit einem ›Schon-sein-bei‹ ausgeschaltet werden kann und mit ihr die Schwierigkei-ten des ›Weges‹, hängt von der anderen Unterscheidung ab, ob nur ›behauptet‹ oder wirklich ›beschrieben‹

werde. Daß die Subjekt-Objekt-Diastase aus der ursprünglichen Einheit des In-der-Welt-seins herauspräpa-
riert worden sei, gilt zweifellos für alle theoretischen Situationen, in denen ohnehin ›an Präparaten‹ im weitesten Sinn gearbeitet wird. Doch müßte das schon ein
Sachverhalt auf einem dritten Niveau sein; die Wissenschaft ist nicht die Quelle, eher selbst das Derivat der
Subjekt-Objekt-Konstellation. Läßt sich die ihr vor-
gängige Einheit anders als aus mystischen Verschmel-
zungserlebnissen zur Anschauung bringen, die Basis
und Rückgang aller Beschreibung sein muß? Deskriptionen müssen ›eingelöst‹ werden; sonst sind sie nur aus
Antithesen zu Problemlasten bestehende Satzkomplexe.
Denn auch anthropogenetisch ist zunächst plausibel, daß
der stammesgeschichtliche Verlust der ›Umwelt‹ als der
›Merkwelt‹-›Wirkwelt‹-Verzahnung kein ›In-der-Welt-
sein‹ übrigläßt und verständlich macht.

Zukunft bleibt Zukunft – in allem Ernst

Wenn wir wüßten, was wir in zehn Jahren wissen werden, wüßten wir es *eo ipso* heute schon.

Was diesen oft ausgesprochenen Einwand gegen jederlei futurologische ›Vorsicht‹ suspekt macht, ist das schlichte Faktum, daß er sich umkehren läßt: Wenn wir noch nicht wüßten, was wir in zehn Jahren wissen werden, würden wir es *dann* auch nicht wissen.

Dieses Dilemma hat etwas zu tun mit dem ältesten großen Gegensatz in der Geschichte der Philosophie. Die nachhaltigste Fassung ist die des Aristoteles: Was man noch nicht weiß, weiß man derart nicht, daß man nicht einmal wissen kann, ob und wie man es je wissen könnte. Die zweite und torquierte Fassung läßt sich ohne den Namen Plato zwar nicht lokalisieren, ist ihm aber nicht zuzuschreiben: Wer noch nicht weiß, was er wissen will und wird, steht da wie einer, der sich nicht schlüssig werden kann, in welcher Richtung er sich in Bewegung setzen will und ob er folglich nicht besser stehenbliebe, wo er steht.

Es hat dieses reflexive »Quo vadis?« oft genug in der Geschichte der Erkenntnis gegeben, die nur als Geschichtsschreibung den Eindruck zielgerichteter Bewegung macht und gar nicht unterdrücken kann, weil die *victrix causa* nicht nur den Göttern und nicht erst den historisierenden Spätlingen gefällt. Wir kennen die Sackgassen zu wenig – oder es waren weniger, als es hätten sein müssen, wenn man unterstellt, es gelte doch für jeden Zeitpunkt, man könne nicht wissen, was man wissen werde. Der Zuschauer aus der Vogelperspektive mag die Fallgruben und Sackgassen, die dem forschenden Wanderergeschlecht drohen, topographisch gut ausmachen können; und je besser er dies tut, um so mehr erstaunt er über die relative Seltenheit der Irrgänge und Abstürze. Ikarus und Lilienthal kamen zu Tode; doch wie viele nach ihnen überlebten eine Prozedur, die in der längsten Zeit der menschlichen Geschichte für ganz unmöglich und damit auch von allzu vielen Versuchen des Wahns ausgeschlossen war. Der Schneider von Ulm kam eben aus Ulm; aber auch Albert Einstein und Siegfried Unseld (der erkennbar meistgeflogene VIP-Flieger) kamen aus Ulm.

Der Fortschritt mag episodisch in Verruf kommen und gerade wieder einmal sein, zumal bei denen, die nichts davon ahnen, in welchem Maße ihr eigenes Leben daran hängt; aber ob er heilsam oder fatal verlaufen ist, macht für das immanente Vorgreifen in jeder seiner Phasen auf künftige nichts aus. Das gegenwärtige Wissen vom künftigen ist sich zumindest dieser Künftigkeit selber sicher; die schöne skeptische Empfehlung der *epochē*, noch einmal von Husserl und Hans Jonas gegeben, vermag der tödlichen Sicherheit nichts anzuhaben, daß die Welt auf den thermodynamischen Nullpunkt aller Beweglichkeit tendiert.

Die ›Hauptsätze‹ der Thermodynamik, die so eigentümlich den Zustand des ›Gemüts‹ über weit mehr als das halbe Jahrhundert ihrer Formulierung geprägt haben, stehen zueinander in zeittypischer Korrespondenz: Während der erste Satz die Heilsgewißheit der ›Erhaltung‹ von der Materie auf die Energie – transitiv: vom Schöpfer auf sein Werk – übertrug, warf der zweite diese Gewißheit zurück in den Zweifel der unaufhaltsamen

›Dekadenz‹, sofern nur das Universum den Verdacht des ›endlichen‹ Systems erweckte, woraufhin der dritte so etwas wie die Hinzufügung des ›kleinen Trostes‹ erst in diesem Jahrhundert war, an dessen Anfang (1906) Walther Nernst die Unerreichbarkeit des absoluten ›Wärmetods‹ postulierte. Doch ein Trost für ›das Leben‹ war das nicht, es würde längst Episode im All geblieben sein, wenn auch nur der Nullpunkt von Celsius anhaltend überschritten wäre. Inzwischen ist der große Traum vom Einfrierenlassen ausgebrochen – doch für welche Zukunft und für welche zum Wiederauftauen ihrer Existenzrivalen bereiten Zukünftler? Da kommen schon sehr geringe Zeiträume ins Spiel: die gar nicht so ferne Zukunft der Last der Alten für die Jungen, der Zuvielen für die Zuwenigen, die Unhaltbarkeit also von ›Generationenverträgen‹, als ob über solchen nicht der letzte Zweifel des *Ultra posse* . . . stände.

Das gilt nun auch für die Unaufhaltsamkeit der Forschung – und der von ihr sowohl abhängigen als auch induzierten Technik. Wer wird ihr Halt gebieten können? Wer es auch nur auszudenken wagen? Verfeinerungen mögen gelingen, Verzögerungen fast nur um Tage, Verdikte leistet sich, wer sie sich leisten kann. Joshua Lederberg, der 1947 den Genaustausch bei Bakterien entdeckte und dafür 1958 den Nobelpreis bekam – der Primärfall der alsbald ausbrechenden Euphorie für ›Kommunikationen‹ –, hat 1962 beim Londoner Symposium »Man and his future« den von Zeit zu Zeit wieder vergessenen ›Hauptsatz‹ seines *Credo* in die Welt gesetzt: *Ich glaube, eine Forschung zu unterlassen, ist kein Mittel, sie zu verhindern* . . . Drei Jahrzehnte später muß man hinzufügen: nicht einmal, sie unter schwersten

Sanktionen zu verbieten. Was fällig ist, wird dann eben in Wüsten betrieben.

Der ›Wärmetod‹ als ferner Schrecken hatte durch den ›dritten Hauptsatz‹ von Nernst einen zu kleinen Trost erfahren; immer noch schien die Sonne am Himmel den Zeitgenossen fast wahrnehmbar zu erlöschen. Größerer Trost kam von der Entschlüsselung des Zyklus der Energieproduktion in der Sonne drei Jahrzehnte nach Nernst durch Bethe und Weizsäcker. Aber der Schlüssel, den sie fanden, war sowohl der zur Wasserstoffbombe wie zur Plasmafusionstechnik am Jahrhundertende noch ungewisser ›Zukunft‹. Dieser womöglich größte ›Verzögerungstrost‹ wird sich nicht verwehren lassen.

Schöpfung mit Zuschauer

Es mag sein, daß die Welt nicht zu existieren verdient. Aber das hätte man rechtzeitig wissen müssen, um es zu verhindern.

Jener berüchtigte kastilische König Alfons der Weise galt schon mit seinem Ausspruch als Blasphemiker, er hätte Gott einige gute Ratschläge geben können, wäre er bei der Schöpfung der Welt dabeigewesen. Welche Harmlosigkeit, verglichen mit der verbal unauffälligen Steigerung, die kein kastilischer König oder sonstwer gewagt hätte: Wäre er schon dagewesen, hätte er Gott gänzlich davon abgeraten, eine Welt zu schaffen. Das setzt voraus, es könnte nicht von der Hand zu weisen sein, aus einer Welt ließe sich keinesfalls etwas Rechtes machen, wie immer man es anfinge.

Jetzt jedenfalls ist es zu spät. Dringlich zu beachten ist aber angezeigt, die etwa unverdiente Existenz dieser Welt bedeute noch nicht, sie verdiene, was ihr bevorstehen soll: die Vernichtung. Das Dasein nicht verdient zu haben, ist eben nicht gleichbedeutend mit dem Verdikt, des Gegenteils würdig und bedürftig zu sein. Mißlingt die Rechtfertigung der *creatio ex nihilo*, ist damit noch nicht entschieden über die Fälligkeit der *reductio ad nihilum*.

Das Urteil – wie gerecht auch immer –, die Welt verdiene zu existieren nicht, verdient seinerseits daher, vergessen zu werden. Aber Vergessen läßt sich nicht dekretieren. Kant hatte es mit Diener Lampe vergeblich sich kommandiert.

Einige Schrecknisse reiner Theorie

Die unendliche Theorie

Nicht nur, die Welt zu erkennen, überschreitet seit langem die Erfordernisse der Lebenszeit des Menschen. Sogar, sich selbst zu erkennen, scheint seine Zeit derart auszufüllen, daß die von dieser Erkenntnis erhofften Folgen, sei es moralischer, sei es psychohygienischer Art, seinem Leben nur noch marginal zugute kommen.

Als die Journalistin Karin Obholzer Freuds berühmtesten und längst in die Weltliteratur eingegangenen Patienten, den Wolfsmann, leibhaftig und lebendig antrifft, muß sie feststellen, daß er sich immer noch in den Händen der Analytiker befindet. Sie erkundigt sich, ob sein gegenwärtiger Seelsorger sich seine Träume erzählen lasse. Antwort: *Er hat doch nicht so viel Zeit.* Und hinzugefügt mit der Altersweisheit eines lebenslangen Patienten: *Die Psychoanalyse hätte was für sich, wenn die Psychoanalytiker Götter wären.*[1] Gefragt, ob denn wohl Freud selbst ihm heute helfen könnte, hatte er verneint.

Freud hatte der Gedanke nie wirklich geschreckt, die Analyse könnte im Grenzfall die lebenslange Arbeit *eines* Analytikers mit *einem* Patienten sein. Deutet sich an, daß selbst dies noch nicht ausreichen würde, wenn der berühmteste Patient sagt, die Analytiker müßten Götter sein? Merkwürdigerweise denkt er nicht daran, daß dann auch ihre Patienten Götter sein müßten. Wenigstens ihre prominenten Fälle. Der ›Prothesengott‹ in Freuds »Unbehagen«, das ist eben auch der Gott mit der Prothese Uhr in der Hand: der Gott ohne Ewigkeit.

1 Karin Obholzer, »Gespräche mit dem Wolfsmann«, Reinbek 1980, S. 231.

Das Interesse des Patienten ist in diesem Punkt um einen Abgrund getrennt von dem des Analytikers, der in der Nachfolge Freuds vor allem Theoretiker sein könnte. Diesem käme es auf ein Leben nicht an, welches das seinige ist und über das er verfügen kann. Aber der Patient will nicht vorrangig über sich aufgeklärt werden, nicht vorrangig prominenter Fall sein, sondern ein rationales Verhältnis hergestellt wissen zwischen dem Teil seiner Lebenszeit, den er zur Gesundung aufwendet, und dem anderen, den er kraft seiner Gesundung erleben und genießen will. Je mehr sich der Anteil der Analyse dem Ganzen der Lebenszeit nähert, um so mehr schwindet diese Rationalität dahin. Als der todkranke Freud noch im Londoner Exil dreimal von seinem ›Wolfsmann‹ aufgesucht wurde, ereilte den erfolgreichen Theoretiker im letzten Moment der erfolglose Therapeut. Daß dieser lebenskräftige Patient seinen Arzt um 40 Jahre überleben sollte, veranschaulichte den mehr als potentiellen Schrecken der theoretischen Unendlichkeit. Die Erben des Meisters ließen die leibgebliebene Falsifikation der Theorie nie aus dem Auge.

Vielleicht ist die Psychoanalyse mit der von Freud erkannten, aber nicht unter die Lebensdimension gestellten Problematik ihrer Dauer die wichtigste Erfahrung dessen, daß Zeit das Kernproblem des Menschen ist. Selbst wenn er genug Zeit hätte, gesund zu *werden*, hätte er nicht genug Zeit, gesund zu *sein*.

Und dann muß er doch noch, zu seinem Teil, den Analytiker ernähren können. Ein Gott den anderen.

Ich-bin und Urgleichzeitigkeit

Ein Berg, ein Baum, ein Löwe können mir nicht fremd, obwohl unbekannt sein. Das Unbekannte ist niemals Gegenstand von Hermeneutik. Der Andere ist mir fremd, obwohl nicht unbekannt, insofern er zuerst und vor allem ein Auch-Ich ist oder von mir so wahrgenommen und behandelt wird, als wäre er es. Deshalb nur kann dieser Andere in die Auffassungsweise von Hermeneutik geraten, noch bevor deren Methodik auf ihn angewendet wird, sobald er etwas bekundet, was unter den Aspekt der ›Verständlichkeit‹ – positiv oder negativ, erfüllend oder enttäuschend – fällt. Der Einschuß von Reflexivität, der in aller Hermeneutik steckt, läßt immer fragen, was *mir* Veranlassung geben könnte, mich so zu verhalten, wie der Fremde eben jetzt oder eben damals. Der Andere ist dann der, der sich seiner selbst muß gewiß sein können – dessen jede Vorstellung durch das Ich-denke muß begleitet werden können – und für den *ich* insofern der Fremde bin, als *er*, mir eben dieses zuzutrauen, ›in Verdacht gerät‹. Was auch immer ich in Konstitution des Ich-bin schon tue und getan habe, ein Zuschuß an Aufmerksamkeit und Energie wird darauf gerichtet, gegen jenen Verdacht auch ausdrucksweise nicht zu verstoßen. Man kann sagen: Den Eindruck eines Verrückten bei anderen erwecken zu wollen, ist selbst schon ›Verrücktheit‹ im radikalen Sinne der Brüche im Ich-bin. Der Fremde ist dieser nicht nur kraft *seiner*, sondern auch nur kraft *meiner* Identität.

Darauf beruht, daß wir die einzigen Wesen in der Welt sind, die *eine* absolute Gleichzeitigkeit haben kön-

nen, nämlich die unserer gegenseitigen ›Fühlungnahme‹,
gleich gültig von welcher Art und Intensität diese sei
und was ihr vorausgegangen oder nachgefolgt sein mag.
›Abschiede‹ sind in dieser Hinsicht exemplarische Erlebnisse – unabhängig davon, ob man sich wiedersieht; man
kann auf diese ostentative Evidenz der Zubilligung des
Ich-bin alle möglichen Zeitverhältnisse gründen, die den
Typus des ›Seitdem‹ haben *und* darin nicht solipsistisch
sein wollen. Diese Gleichzeitigkeit ist die *erste* objektive
noch vor aller Weltzeitlichkeit und unabhängig von dieser, sie ist die Urgleichzeitigkeit.

Daß ein reflektiver Einschuß in aller Hermeneutik
steckt, macht diese zu einer Entfaltung der Fremdwahrnehmung. Das Bedürfnis zu verstehen wäre selbst gar
nicht zu verstehen – noch bevor man wüßte, ob, es aus-
zuüben, möglich sei –, wenn es diese Eigenqualität, der
Andere für den Anderen zu sein, nicht gäbe. Dieses Verhältnis von Hermeneutik als ›Auslegung‹ von Bekun-
dungen zur Fremdwahrnehmung erlaubt jedoch nicht
die Umkehrung, auch und schon die Fremdwahrnehmung impliziere so etwas wie rudimentäre oder gar
›reine‹ Hermeneutik. In der Reflexion, wie sie idealisiert
wird, soll das Subjekt derart bei sich selbst sein können,
daß es die Distanz zwischen Subjekt und Objekt für dieses eine Quasi-Objekt, das es selbst für sich werden
können soll, aufhebt – oder besser: gar nicht erst ›aufkommen‹ läßt. Die Formel ist wichtig, denn von ihr
hängt ab, ob man von den ordinären Subjekt-Objekt-
Verhältnissen her die Reflexion als deren Minimierung
betrachtet oder umgekehrt.

Die Erinnerung an den Anderen, an den Augenblick
der Urgleichzeitigkeit mit ihm, ist auch schon Erinne-

215 reiner Theorie   215

rung an seine Erinnerung. Der Einwand, jener könne alles vergessen haben, was jemals zwischen dem einen und
dem anderen war, ist eine psychologische Trivialität. Natürlich *kann* das so sein, es berührt aber den Kern nicht.
Wesentlich ist, daß sich die mindeste Reminiszenz an jenes Erlebnis *eo ipso* auf den identischen Augenblick, auf
die Ursimultaneität, bezieht. Dieser Sachverhalt kann,
zur Vermeidung der Einrede mit Faktizitäten, auch so
gefaßt werden: Erinnerte einer sich, so kann er sich nur
an den Konvergenzpunkt beider Erinnerungen erinnern.
Was um diese Punktualität herum liegt, ist auch von bestimmten Formationen durchzogen, ohne die jener Augenblick keiner des Augen-Blicks hätte sein können.
Hierher gehört das Stichwort ›Sichtbarkeit‹ und der
Hinweis darauf, es sei nicht selbstverständlich, daß wir
das Wahrgenommenwerden wahrnehmen können. Als
Wesen der aktiven Optik sind wir solche der passiven;
umfassender noch: Jeder unserer Sinne ist potentiell der
fremden Sinnlichkeit gegeben. Sie hört, daß wir hören,
weil wir erschrecken, wenn wir durch ein Geräusch ihrer
Bewegung überrascht werden.

Die Urgleichzeitigkeit verdoppelt sich virtuell in den
Erinnerungen, im Dual der *Memoria,* ihrer Konfrontier-
ten. Die Funktion der *Memoria,* die Art ihrer ›Wek-
kung‹, kann in der weiträumig-unbestimmten Protention positive wie negative Funktion haben. Es ist immer
wieder gut, sich an Phänomene zu halten, die in der Phänomenologie keinen guten Ruf oder überhaupt keine
Beachtung erlangen konnten. Heidegger hat früh an die
Langeweile als Gegenwärtigkeit der Zeit in ihren Dimensionen gedacht, bevor er auf die Angst als Indikator
des ekstatischen Zeithorizonts verfiel. Es geht mir nicht

um Originalität, wenn ich an die Eifersucht erinnere, die in der Literatur und in der Pathologie der Sexualität einen so einzigartigen Rang hat.

Man kann das auch so ausdrücken: Die Urgleichzeitigkeit impliziert nicht nur *eine* Protention von unbestimmter Weite – gemeint etwa in der Abschiedsformel »Auf Wiedersehen!« –, sondern *zwei*. Und zwar *nur* zwei, weil man nur unter vier Augen jene absolute Augenblicklichkeit des Blick-Ineinanders haben kann, dem die Evidenz der Gleichzeitigkeit zukommt. Deshalb – und nicht aus Gründen der Kumpanei mit zeitgeistgefälliger Theorie – ist die Sexualität das ausgezeichnete, dazu noch anthropologisch singuläre Paradigma: Nur der Mensch hat sich von der Kopulation *a tergo* abgekehrt und durch die Erlangung des Orgasmus bei beiden Partnern des Geschlechtsaktes tendenziell auch die gleichzeitige, gegenseitig ›feststellbare‹ Gleichzeitigkeit in die Evolution aufgenommen. Denkt man an die in allen Kulturen ausgebildete Ritualisierung der Geschlechtsbeziehung zur Ehe, so ist gerade sie durch die Akzentuierung der *prima nox* und darin wieder des Moments der Perforation des Hymen zur Institution einer Gleichzeitigkeit geworden, auf die man sich wiederum ritualisiert in den Jahrestagen bezieht. Die modisch oktroyierte Verachtung der Virginität mag die Auszeichnung des einen Augenblicks verwischen und überlagern mit der Relation auf mindestens *eine* weitere Simultaneität, zu der die Bezugsperson ›verlorengegangen‹ ist, so bleibt doch die Fiktion erhalten, dieses Silber- oder Goldpaar *besitze* den Bezug auf die einzige Gleichzeitigkeit, die akzessorisch auch noch mit Kalender und Uhr nachgemessen werden kann. Es ist, wie ich meine, keine beiläufige Zu-

tat zu allem, was sich der Mensch an Möglichkeiten des
Ausdrucks seiner Erlebnisgeschichte zugelegt hat, daß er
für dieses Mal die Simultaneität in genau dem Umfang
kulturell betont, in dem sie einzig Evidenz haben kann.
Unter verschobenem Aspekt ist dann jene Urgleichzeitigkeit nichts anderes als Vorbereitung auf Erinnerung,
die inhaltlich kein anderes Moment hat als dieses, daß
eine weitere Person mehr oder weniger an allem beteiligt
sein wird, was ›da auch kommen mag‹. Die Leere des
derart Vorbereiteten erlaubt, von ›Protention‹ zu sprechen, obwohl in weltzeitlicher Proportion unter diesem
Begriff nichts von auch nur annähernd vergleichbarer
Ausdehnung begriffen werden kann. Aber auf diese vermeintliche ›Kürze‹ der dem Bewußtsein ständig vorgrei-
fenden ›Protention‹ hat doch hintenherum wieder der
unüberwindliche Psychologismus seine Einwirkung gehabt. Sosehr der Begriff der Erwartung verlangt, daß
Gegenstände und Erlebnisse in einer gewissen, doch
nicht beliebigen Variationsbreite als kommend ins Gegenwärtige einbezogen sind und die Steuerung des Verhaltens bestimmen, sowenig wird der Begriff der Protention dadurch getroffen, daß man die Variationsbreite
steigert, die Unbestimmtheit vergrößert, die ›Diesigkeit‹
der Sicht verdichtet, gar deren Nebel verdickt; vielmehr
kommt es bei der Protention auf die Tiefe des Erlebnis-
raumes an, in die hinein sich das Bewußtsein dieses oder
jenes gewärtig sein kann. Um es sogleich auf die Spitze
zu treiben: Obwohl man weiß, daß man sterben muß,
kann man doch seinen Tod nicht *erwarten*, obwohl seiner *gewärtig* sein. Er allein ist das jederzeit Mögliche.

Dieselbe Aspektänderung ergibt sich, wenn man das
Phänomen der Urgleichzeitigkeit mit dem Begriff der

Erinnerung zu konfrontieren sucht. Da haben *zwei* Egos *eine* Erinnerung, die für den absolut identischen Zeitpol doch je ein eigenes und differentes ›Erlebnis‹ enthalten kann, ja muß. Die Zeitkonvergenz, die gemeint ist, enthält nicht den Koitus als Erfahrung, sondern nur das formale Moment ihrer notwendigen Simultaneität auch bei gelingender Synchronisation des Orgasmus. Der schlichte Blickwechsel genügt zur Verdeutlichung: Jeder sieht das Auge eines anderen, der in der retrograden Konvergenz aus Gründen des Erlebnisakzents eben ›der Andere‹ ist. »Wir sahen uns in die Augen«, kann jeder von beiden sagen, und doch muß jeder von beiden etwas anderes gesehen haben, nämlich nichts von der Art, was man hat, wenn man sich selber im Spiegel ins Auge sieht – eine gleichsam erlebnisfreie Wahrnehmung. Obwohl jeder das gleiche sieht, nämlich zwei Augen aus genau der Distanz, aus der der andere seine Augen sieht, sehen doch nicht beide dasselbe, wie zwei oder beliebig viele auf ein Ding, etwa eine Billardkugel, blicken können.

Mit dieser Differenz ist sogleich die Unterstellung ausgeschaltet, der Blickwechsel der Urgleichzeitigkeit sei das Paradigma der Intersubjektivität. Eben das ist er nicht, weil ›das Dritte‹, der Gegenstand im gemeinsamen Hinblick, das ›Ding‹ in einigen Abschattungen, fehlt, und dieses Fehlen nicht ein beiläufiger Mangel ist. Für die Erfassung der Intersubjektivität ist es unabdingbar, sie gerade nicht mit der wesentlichsten der möglichen Relationen zwischen Subjekten zu verwechseln, also auch die primordiale Begründung der Gleichzeitigkeit als des Ansatzes zur Weltzeit nicht auf den Ursprung aller Objektivität, die Intersubjektivität, zurückzuführen. Schon die Fremdwahrnehmung als solche ist ja nicht ›intersubjektiv‹, obwohl Bedingung für jederlei Intersubjektivität. Denn die Wahrnehmung des Anderen kann, im Gegensatz zur Urgleichzeitigkeit, durchaus einseitig sein: der eine nimmt den anderen als einen anderen wahr, ohne von diesem wahrgenommen zu werden, oder auch, ohne von diesem als anderer ›anerkannt‹ zu werden. Aber selbst wenn dies geschähe, der eine vom anderen und dieser von jenem fremdwahrgenommen würde, wäre intersubjektive ›Bestätigung‹ der einen Wahrnehmung durch die andere nicht erreicht. Die Einführung eines Dritten wäre nötig, der jeweils einem der beiden seine Wahrnehmung des anderen als eines anderen durch seine Fremdwahrnehmung desselben aus verschobener Position vermittelte. Doch mache ich diese Erweiterung hier mit dem Zweifel, ob nicht die Verstärkung jeweils einer Subjektposition schon die vollzogene Objektivierung der beiden sich zum stimmigen Resultat vereinigenden Subjekte voraussetzte. Nehmen wir an, zwei durch Urgleichzeitigkeit ›radikal‹ verklammerte Subjekte brächten sich gegenüber einem ›Fremden‹ in beobachtende Einstellung, so hätten sie zwar die Synchronizität ihrer Erinnerung bewahrt, jedoch die Gleichzeitigkeit ihrer Beobachtungen am Anderen nicht gesichert. Die urkonstitutive Zeit ist noch nicht die Weltzeit, sosehr sie deren Voraussetzung ist. Die Intersubjektivität kann aus der Urgleichzeitigkeit nicht abgeleitet werden.

Editorische Notiz

Die Essays der vorliegenden Ausgabe sind bis auf die nachfolgend genannten Titel Erstveröffentlichungen.

Einleitung: Das Unselbstverständliche. In: Neue Zürcher Zeitung vom 4. Februar 1983 u. d. T.: Ein mögliches Selbstverständnis.

Sättigungsgrade. In: Neue Zürcher Zeitung vom 6. Oktober 1987. (Beil. zur Frankfurter Buchmesse.)

Rette, was wer kann! In: Neue Zürcher Zeitung vom 6. April 1985.

Erinnerung an das verlorene Ich. In: Akzente 3 (1997).

Die Welt hat keinen Namen. In: Neue Zürcher Zeitung vom 24. Dezember 1992.

Die unerträgliche Unsterblichkeit. In: Akzente 1 (1983) u. d. T.: Nachdenken über einen Satz von Nietzsche.

Das Sein – ein MacGuffin. In: Frankfurter Allgemeine Zeitung vom 27. Mai 1987.

Deutsche Philosophie der Gegenwart

IN RECLAMS UNIVERSAL-BIBLIOTHEK

Hans Albert, Kritische Vernunft und menschliche Praxis. 214 S. UB 9874

Ulrich Beck, Die feindlose Demokratie. 195 S. UB 9340

Werner Becker, Elemente der Demokratie. 142 S. UB 8009

Dieter Birnbacher, Tun und Unterlassen. 389 S. UB 9392 – Verantwortung für zukünftige Generationen. 297 S. UB 8447

Hans Blumenberg, Wirklichkeiten, in denen wir leben. 176 S. UB 7715

Rüdiger Bubner, Zur Sache der Dialektik. 4 Aufsätze. 165 S. UB 9974

Günter Figal, Der Sinn des Verstehens. 157 S. UB 9492

Iring Fetscher, Arbeit und Spiel. Essays zur Kulturkritik und Sozialphilosophie. 171 S. UB 7979

Kurt Flasch, Augustin. Einführung in sein Denken. 487 S. UB 9962 – Das philosophische Denken im Mittelalter. Von Augustin zu Macchiavelli. 720 S. UB 8342

Manfred Frank, Selbstbewußtsein und Selbsterkenntnis. Essays zur analytischen Philosophie der Subjektivität. 485 S. UB 8689 – Stil in der Philosophie. 115 S. UB 8791

Hans-Georg Gadamer, Die Aktualität des Schönen. Kunst als Spiel, Symbol und Fest. 77 S. UB 9844 – Der Anfang der Philosophie. 175 S. UB 9495

Gerhard Gamm, Der Deutsche Idealismus. 274 S. UB 9655

Lutz Geldsetzer, Die Philosophenwelt. In Versen vorgestellt. 306 S. UB 9404

Volker Gerhardt, Pathos und Distanz. Studien zur Philosophie Friedrich Nietzsches. 221 S. UB 8504

Jürgen Habermas, Politik, Kunst, Religion. 151 S. UB 9902

Dieter Henrich, Selbstverhältnisse. Gedanken und Auslegungen zu den Grundlagen der klassischen Philosophie. 212 S. UB 7852

Otfried Höffe, Den Staat braucht selbst ein Volk von Teufeln. Philosophische Versuche zur Rechts- und Staatsethik. 174 S. UB 8507

Bernulf Kanitscheider, Kosmologie. Geschichte und Systematik in philosophischer Perspektive. 512 S. UB 8025

Reinhard Knodt, Ästhetische Korrespondenzen. Denken im technischen Raum. 166 S. UB 8986

Hans Lenk, Macht und Machbarkeit der Technik. 152 S. UB 8989

Wolf Lepenies, Gefährliche Wahlverwandtschaften. Essays zur Wissenschaftsgeschichte. 165 S. UB 8550

Odo Marquard, Abschied vom Prinzipiellen. 152 S. UB 7724 – Apologie des Zufälligen. 144 S. UB 8351 – Skepsis und Zustimmung. Philosophische Studien. 137 S. UB 9334

Ekkehard Martens, Zwischen Gut und Böse. 222 S. UB 9635

Günther Patzig, Tatsachen, Normen, Sätze. 183 S. UB 9986

Alfred Schmidt, Kritische Theorie, Humanismus, Aufklärung. Philosophische Arbeiten 1969–1979. 183 S. UB 9977

Norbert Schneider, Geschichte der Ästhetik von der Aufklärung bis zur Postmoderne. 352 S. UB 9457

Joachim Schulte, Wittgenstein. Eine Einführung. 248 S. UB 8564

Walter Schulz, Vernunft und Freiheit. Aufsätze und Vorträge. 175 S. UB 7704

Roland Simon-Schaefer, Kleine Philosophie für Berenike. 263 S. UB 9466

Robert Spaemann, Philosophische Essays. Erweiterte Ausgabe 1994. 264 S. UB 7961

Holm Tetens, Geist, Gehirn, Maschine. Philosophische Versuche über ihren Zusammenhang. 175 S. UB 8999

Ernst Tugendhat, Probleme der Ethik. 181 S. UB 8250

Ernst Tugendhat / Ursula Wolf, Logisch-semantische Propädeutik. 268 S. UB 8206

Gerhard Vollmer, Biophilosophie. 204 S. UB 9396

Carl Friedrich von Weizsäcker, Ein Blick auf Platon. Ideenlehre, Logik und Physik. 144 S. UB 7731

Wolfgang Welsch, Ästhetisches Denken. 224 S. 19 Abb. UB 8681 – Grenzgänge der Ästhetik. 350 S. UB 9612

Philipp Reclam jun. Stuttgart